ARUANDA

Segredos de Aruanda

Aruanda

Robson Pinheiro

Edição revista e ampliada

Um romance espírita sobre pais-velhos, elementais e caboclos

ARUANDA

ROBSON PINHEIRO

pelo espírito

ÂNGELO INÁCIO

COLEÇÃO *Segredos de Aruanda*, VOL. 2

1ª edição | julho de 2004 | 12 reimpressões
2ª edição revista | abril de 2011
31ª reimpressão | junho de 2025

Da coleção SEGREDOS DE ARUANDA
Tambores de Angola
Aruanda
Corpo fechado
Antes que os tambores toquem

CASA DOS ESPÍRITOS
Avenida Ordem e Progresso, 157, sala 801
São Paulo | SP | 01141-030 | Brasil
editor@bookone.com.br
www.casadosespiritos.com.br

EDIÇÃO, PREPARAÇÃO E NOTAS
Leonardo Möller

PROJETO GRÁFICO E EDITORAÇÃO
Andrei Polessi

FOTO DO AUTOR
Douglas Moreira

REVISÃO
Laura Martins

IMPRESSÃO E ACABAMENTO
Plena Print

Dados Internacionais de Catalogação na Publicação (CIP)
Angélica Ilacqua CRB-8/7057

35Is   Inácio, Ângelo (Espírito)
Segredos de Aruanda / pelo espírito Ângelo Inácio; [psicografado por Robson Pinheiro]. - 2. ed. rev. ampl. -- São Paulo : Casa dos Espíritos Editora, 2025.
248 p. (Coleção Segredos de Aruanda ; vol. 2)

ISBN 978-65-987297-0-7

1. Espiritismo 2. Psicografia 3. Romance espírita I. Título II. Série

25-1926   CDD 133.9

SUMÁRIO

PREFÁCIO

Explicação

Este não é um livro que pretende falar da doutrina da umbanda. É mais uma obra que valoriza o trabalho dos espíritos que se utilizam da roupagem fluídica de pais-velhos e caboclos, auxiliando a humanidade encarnada e desencarnada. Talvez seja mesmo um grito contra o preconceito religioso, racial e espiritual, mostrando quanto os espíritos superiores trabalham muito além das aparências.

Sem fazer apologia desta ou daquela doutrina, embora profundamente comprometido com a ideia espírita, trago a você, amigo leitor, apenas uma parcela minúscula da realidade extrafísica. Portanto, não se deixe desanimar pelo nome do livro. Experimente ir adiante com espírito aberto e livre, formando sua própria opinião a respeito de um assunto ainda tão controvertido nas fileiras espíritas e espiritualistas. Submeto a você, como autor desencarnado, a apreciação de minhas observações. Seja progressista, desprovido de preconceitos e prejulgamentos; atreva-se a ler, estudar e pesquisar.

Do lado de cá da vida estamos investindo cada vez mais nas pessoas que se capacitam para a tarefa de renovação da humanidade. Unindo forças, sabedoria e trabalho, sem nos fundirmos doutrinariamente, podemos trabalhar em conjunto, objetivando um futuro mais feliz para a nossa humanidade.

Não espero ser compreendido nem pelos irmãos umbandistas nem pelos espíritas – não é esse meu objetivo. Quero apenas trazer para você aquilo que vi e experienciei do lado de cá da vida.

Portanto, criticando ou não, vá em frente, conheça um pouco desse povo de Aruanda e deixe-se envolver com o trabalho no bem. Para nós, os espíritos, não importa se nos manifestamos na roupagem fluídica de um religioso, seja padre ou irmã de caridade, de um cientista, médico, indiano ou turco, pai-velho ou índio. Importa apenas a quantidade de amor que somos capazes de colocar no trabalho que realizamos.

Para você que é favorável ao progresso, seja espírita, espiritualista ou simplesmente simpatizante, eis algumas observações de um espírito metido a repórter do Além. E como repórter comprometido com a ética espiritual, não faço apologias, apenas trago fatos e histórias, confiando no bom-senso dos leitores, embora alguns teimem ainda em continuar com as velhas ideias arraigadas e os preconceitos, transferidos da esfera social para a esfera espiritual. Para você, um pouco da vida, das obras e do carisma do povo de Aruanda.

Ângelo Inácio

Belo Horizonte, MG, 31 de maio de 2004.

Nova explicação e agradecimento

Nota à 2ª edição revista *por Ângelo Inácio*

Os textos destacados em itálico, entre aspas ou mesmo nos diálogos ao longo da obra são citações que correspondem à minha maneira de ver tanto quanto à maneira de ver do personagem que a apresenta. Como o assunto tratado neste livro foge ao meu conhecimento pessoal, escrevo-o apenas como "repórter do Além". Colocando-me assim, posso realizar pesquisas, fazer entrevistas com outros escritores desencarnados ou encarnados em desdobramento e ao mesmo tempo grafar nas páginas do livro o resultado de estudos e de meu trabalho. Portanto, como não tenho experiência com a umbanda nem fui espírita quando encarnado, os conceitos aqui apresentados são o produto de minhas pesquisas do lado de cá da vida.

Espero que o leitor use o bom-senso para não ver em minhas palavras a única expressão da verdade. São apenas o produto de pesquisas, entrevistas e fatos vivenciados como desencarnado e como pesquisador da verdade, que é universal, propriedade de todos.

Considerando tudo isso, entrevistei alguns escritores desencarnados; deixo aqui meu preito de gratidão em especial a Menininha do Gantois,[1] a Olga de Alaketu,[2] a Pai João de Aruanda,[3] a Pierre Verger[4] e ao venerável Matta e Silva.[5] Foram eles que me inspiraram e auxiliaram com o conhecimento que detêm dos assuntos aqui relacionados, embora nem todas as contribuições estejam destacadas, uma a uma. Tudo tendo sido grafado com coração, deixo registrado o respeito que devo a esses expoentes da doutrina sagrada da *aumbandhã* e do povo de Aruanda, bem como aos representantes do candomblé brasileiro.

[1] Maria Escolástica da Conceição Nazaré (1894-1986) talvez seja a representante do candomblé que mais projeção atingiu no Brasil e no exterior. Baiana de Salvador, Mãe Menininha do Gantois é mencionada em diversas canções da música popular brasileira (fonte: Wikipédia. Acesso em: 12 abr. 2011).

[2] Olga de Alaketu (1925-2005) foi célebre ialorixá baiana (fonte: idem).

[3] Espírito presente desde o advento da produção mediúnica de Robson Pinheiro, Pai João de Aruanda é personagem desta e de outras obras do médium, além de ser autor de *Sabedoria de preto-velho*, *Pai João* e *Magos negros* (Contagem: Casa dos Espíritos, 2010, 2009 e 2011, respectivamente).

[4] Pierre Verger (1902-1996) foi fotógrafo e etnólogo franco-brasileiro, autor daquele que é provavelmente o mais relevante e amplo registro fotográfico do candomblé brasileiro, além de ter escrito livros a respeito (fonte: Wikipédia. Acesso em: 12 abr. 2011).

[5] Médium e escritor, o pernambucano W. W. da Matta e Silva (1917-1988) é responsável por uma espécie de sistematização da umbanda chamada esotérica, a qual apresenta como conhecimento filosófico (fonte: idem).

Prólogo

Carta do chefe indígena Seattle

O TEXTO A SEGUIR, datado de 1854, é a reprodução de uma das versões da suposta resposta do cacique Seattle ao então Presidente norte-americano Franklin Pierce (1804-1869), que desejava comprar suas terras.[1] Um exemplo de silvícola, guerreiro, caboclo, considerado atrasado pelos homens brancos. Em suas palavras, a sabedoria ancestral e o retrato da evolução espiritual de uma raça incompreendida.

[1] Conforme atestam várias páginas na internet, há bastante controvérsia em torno da suposta carta do chefe Si'ahl, nome que passou ao inglês como Seattle. A hipótese mais plausível parece ser a de que ele teria feito um discurso na cidade homônima no dia 11/3/1854, numa reunião convocada pelo governador do estado de Washington. O cacique teria falado em idioma *lushootseed*, mais tarde traduzido para *chinook* e, então, para o inglês. Portanto, não há texto original, mas sim versões que apareceram ao longo dos anos, das quais a mais antiga – tida por muitos como a mais fiel – é a de Henry A. Smith, que publicou o produto de suas anotações em sua coluna no jornal *Seattle Sunday Star*, na edição de 29/10/1887. Evidentemente, a controvérsia não diminui em nada o valor do texto (fontes: <www.synaptic.bc.ca/ejournal/wslibrry.htm>; <http://en.wikipedia.org/wiki/Chief_Seattle#The_Speech_controversy>. Acesso em: 2 abr. 2011).

O ar é precioso para o homem vermelho, pois todas as coisas compartilham o mesmo sopro: o animal, a árvore, o homem, todos compartilham o mesmo sopro. Parece que o homem branco não sente o ar que respira. Como um homem agonizante há vários dias, é insensível ao [seu próprio] mau cheiro. (...) Portanto, vamos meditar sobre sua oferta de comprar nossa terra. Se nós decidirmos aceitá-la, imporei uma condição: o homem branco deve tratar os animais desta terra como seus irmãos.

O que é o homem sem os animais? Se os animais se fossem, o homem morreria de uma grande solidão de espírito. Pois o que ocorre com os animais em breve acontece com o homem. Há uma lição em tudo. Tudo está ligado. [2]

Vocês devem ensinar às suas crianças que o solo a seus pés é a cinza de nossos avós. Para que respeitem a terra, digam a seus filhos que ela foi enriquecida com a vida de nosso povo. Ensinem às suas crianças o que ensinamos às nossas: que a terra é nossa mãe. Tudo o que acontecer à terra acontecerá também aos filhos da terra. Se os homens cospem no solo, estão cuspindo em si mesmos.

Disto nós sabemos: a terra não pertence ao homem; o homem é que pertence à terra. Disto sabemos: todas as coisas estão ligadas, como o sangue que une uma família. Há uma ligação em tudo.

O que ocorre com a terra recairá sobre os filhos da terra. O homem não teceu a teia da vida: ele é simplesmente

[2] É notável a atualidade do texto do cacique Seattle. Escrito muito antes de se ouvir falar em temas como ecologia e holística, suas palavras enunciam dilemas que perduram até hoje e apresentam problemas para os quais a sociedade contemporânea começa a despertar. Alguns trechos revelam profecias que começam a se cumprir, como quando fala, pouco mais adiante, do fenômeno da desertificação.

um de seus fios. Tudo o que fizermos ao tecido, fará o homem a si mesmo.

Mesmo o homem branco, cujo Deus caminha e fala com ele de amigo para amigo, não pode estar isento do destino comum. É possível que sejamos irmãos, apesar de tudo. Veremos. De uma coisa estamos certos (e o homem branco poderá vir a descobrir um dia): Deus é um só, qualquer que seja o nome que lhe deem. Vocês podem pensar que o possuem, como desejam possuir nossa terra; mas não é possível. Ele é o Deus do homem, e sua compaixão é igual para o homem branco e para o homem vermelho. A terra lhe é preciosa e feri-la é desprezar seu Criador. Os homens brancos também passarão; talvez mais cedo do que todas as outras tribos. Contaminem suas camas, e uma noite serão sufocados pelos próprios dejetos.

Mas quando de sua desaparição, vocês brilharão intensamente, iluminados pela força do Deus que os trouxe a esta terra e por alguma razão especial lhes deu o domínio sobre a terra e sobre o homem vermelho. Esse destino é um mistério para nós, pois não compreendemos que todos os búfalos sejam exterminados, os cavalos bravios sejam todos domados, os recantos secretos das florestas densas impregnados do cheiro de muitos homens, e a visão dos morros, obstruída por fios que falam. Onde está o arvoredo? Desapareceu. Onde está a água? Desapareceu. É o final da vida e o início da sobrevivência.

Como é que se pode comprar ou vender o céu, o calor da terra? Essa ideia nos parece um pouco estranha. Se não possuímos o frescor do ar e o brilho da água, como é possível comprá-los?

Cada pedaço de terra é sagrado para meu povo. Cada ramo brilhante de um pinheiro, cada punhado de areia das praias, a penumbra na floresta densa, cada clareira e inseto a zumbir são sagrados na memória e experiência do meu povo. A seiva que percorre o corpo das árvores carrega consigo as lembranças do homem vermelho...

Essa água brilhante que escorre nos riachos e rios não é apenas água, mas o sangue de nossos antepassados. Se lhes vendermos a terra, vocês devem lembrar-se de que ela é sagrada e devem ensinar às suas crianças que ela é sagrada e que cada reflexo nas águas límpidas dos lagos fala de acontecimentos e lembranças da vida do meu povo. O murmúrio das águas é a voz dos meus ancestrais.

Os rios são nossos irmãos, saciam nossa sede. Os rios carregam nossas canoas e alimentam nossas crianças. Se lhes vendermos nossa terra, vocês devem lembrar e ensinar para seus filhos que os rios são nossos irmãos e seus também. E, portanto, vocês devem dar aos rios a bondade que dedicariam a qualquer irmão.

Sabemos que o homem branco não compreende nossos costumes. Uma porção de terra, para ele, tem o mesmo significado que qualquer outra, pois é um forasteiro que vem à noite e extrai da terra tudo que necessita. A terra, para ele, não é sua irmã, mas sua inimiga, e, quando ele a conquista, extraindo dela o que deseja, prossegue seu caminho. Deixa para trás os túmulos de seus antepassados e não se incomoda. Rapta da terra aquilo que seria de seus filhos e não se importa... Seu apetite devorará a terra, deixando somente um deserto.

Eu não sei... nossos costumes são diferentes dos seus. A visão de suas cidades fere os olhos do homem vermelho. Talvez porque o homem vermelho seja um selvagem e não compreenda. Não há um lugar quieto nas cidades do homem branco. Nenhum lugar onde se possa ouvir o desabrochar de folhas na primavera ou o bater de asas de um inseto. Mas talvez seja porque eu sou um selvagem e não compreendo. O ruído parece somente insultar os ouvidos. E o que resta de um homem, se não pode ouvir o choro solitário de uma ave ou o debate dos sapos ao redor de uma lagoa, à noite? Eu sou um homem vermelho e não compreendo. O índio prefere o suave murmúrio do vento encrespando a face do lago, e o próprio vento, limpo por uma chuva diurna ou perfumado pelos pinheiros.[3]

[3] Há inúmeras versões deste texto circulando pela internet, geralmente com ligeiras variações entre si. A versão que ora reproduzimos foi transmitida mediunicamente pelo próprio Ângelo Inácio, que se deu ao trabalho de trazê-la a sua maneira, embora sem grandes inovações.

1

O FUTURO DO PRETÉRITO

Para julgar os Espíritos, como para julgar os homens, é preciso, primeiro, que cada um saiba julgar-se a si mesmo. Muita gente há, infelizmente, que toma suas próprias opiniões pessoais como paradigma exclusivo do bom e do mau, do verdadeiro e do falso; tudo o que lhes contradiga a maneira de ver, a suas ideias e ao sistema que conceberam, ou adotaram, lhes parece mau. A semelhante gente evidentemente falta a qualidade primacial para uma apreciação sã: a retidão do juízo. Disso, porém, nem suspeitam. É o defeito sobre que mais se iludem os homens.

ALLAN KARDEC,
Modo de se distinguirem os bons dos maus espíritos[1]

[1] In: KARDEC. *O livro dos médiuns ou guia dos médiuns e dos evocadores*. Tradução de Guillon Ribeiro. 71ª ed. Rio de Janeiro: FEB, 2003. p. 392, item 267, § 26º.

ELE ERA UM JOVEM como qualquer outro de sua época. Naqueles dias de início de século, acompanhava com satisfação e interesse as notícias a respeito de outros rapazes que ingressariam na Escola Naval. Era seu sonho trabalhar na Marinha, principalmente após concluir o curso propedêutico e já contar 17 anos de idade. Contudo, alguma coisa parecia querer modificar seus planos. Algo estranho ocorria em seu interior; vozes pareciam repercutir em sua mente, e ele temia estar ficando louco. Como compartilhar esse fato com seus pais? Mesmo assim resolveu que iria ingressar na escola da Marinha. Não poderia voltar atrás com seu sonho. Começou então a caminhada em direção a seu ideal, que se esboçava naqueles dias que marcaram o ano de 1908, início do século XX.

Zélio de Moraes era um jovem sonhador.

Mas algo marcava profundamente o psiquismo do rapaz – "uma espécie de ataque", como classificava a família.

– Vez ou outra Zélio parece ficar desmiolado – dizia a mãe. Ele falava coisas incompreensíveis e parecia ficar todo torto, encurvado mesmo. – Será que o menino está sofrendo da espinha? – alguém da família perguntou, certa ocasião.

Não havia mais como disfarçar a situação, pois os ataques se repetiam com maior frequência. O jeito era levar o rapaz para uma consulta com o Epaminondas. Era um tio de Zélio, que trabalhava como coordenador do hospício de Vargem Grande.

Em uma conversa do Dr. Epaminondas com o pai de Zélio, o médico relatou:

– Nunca vi coisa desse jeito. O menino se modifica todo, e, para mim, ele não se enquadra em nada que a ciência consiga explicar.

– Mas se continuar assim ele vai acabar tendo problemas com o curso na Escola Naval! O que fazer com esse menino? Será coisa do demônio? – indagava o pai, aflito.

– Sei lá. De demônio eu não entendo nada. Imagine que, durante os dias em que examinei Zélio, ele começou a falar com um sotaque diferente, parecendo um velho que mal sabia falar português. Ele chegou até a dar umas receitas esquisitas de ervas e banhos, chás e outras coisas. Dizia, num linguajar estranho, que a recomendação era para um outro paciente que sofria de "mal da cabeça"...

– Deus me livre, Epaminondas! Esse menino está é com a cabeça afetada mesmo – respondia a mãe.

Zélio de Moraes retornou novamente à família após os exames do Dr. Epaminondas. Nada resolveu.

Nova tentativa deveria realizar-se. Zélio foi encaminhado a um padre conhecido da família. Exorcismos e benzeções foram feitos, mas nada de o demônio sair; em breve chegariam à conclusão de que nada daquilo surtiria efeito. Mesmo o padre desistiu logo, pois percebeu que suas rezas nada valiam para aquele caso. Durante uma das sessões com o padre, Zélio estremeceu todo, encurvou-se e deu uma risada gostosa:

– Ih! seu padre, nóis já se conhece de outros tempo, né, zinfio?

– Conhece de onde? Eu não tenho parte com o diabo, não.

– Hi! Hi! não é o diabo não, seu padre, é ieu mermo. Um véio[2] bem maroto.

O padre benzeu a si próprio e deixou Zélio dentro da igreja, abandonando-a sem nada compreender. O rapaz novamente retornou ao lar, após o insucesso das tentativas paroquianas. Ainda bem que o padre era membro da família, senão o infeliz teria um outro fim. Outras técnicas e exorcismos foram aplicados, mas o tal demônio de fala mansa não arredava pé: Zélio não melhorava de jeito nenhum.

A família, desesperada, já procurava qualquer tipo de ajuda. Sem importar de onde vinha, se fosse para ajudar a resolver o caso de Zélio, qualquer auxílio seria bem-vindo. Não mais adiantavam benzeção, consulta com médico ou conselho de padre. Precisavam encontrar uma explicação e, principalmente, a cura para o estranho mal que acometera o rapaz.

Um dia, uma vizinha que era chegada à família sugeriu algo inusitado:

– Sabe de uma coisa, minha gente, pra mim esse negócio do Zélio não é coisa de demônio, nada. Isso cheira a espiritismo! É espírito mesmo, e dos fortes.

– Espiritismo? E você por acaso conhece disso?

– Claro que sim! Ou você não sabe que eu sou entendida em muitas coisas da vida? Sei até que lá, em Niterói, tem

[2] No novo Acordo Ortográfico da Língua Portuguesa (1990/2008), o acento é eliminado nos ditongos *ei* e *oi* das paroxítonas. Contudo, decidimos manter o acento em *véio*, temendo que a corruptela da palavra *velho* fosse lida com o "e" fechado (como se fosse *vêio*) e passasse despercebida do leitor desacostumado com a linguagem mais popular.

um tal de seu José de Souza, que é presidente de um centro muito forte. É um tal de kardecismo.

A mãe de Zélio ficou lá matutando a respeito do espiritismo e resolveu pedir socorro à vizinha. Sem pensar duas vezes, ela logo procurou colher informações sobre o centro espírita e pôde descobrir endereço e nomes das pessoas responsáveis.

Um dia, quando Zélio estava no meio de um de seus "ataques", a família já completamente apavorada resolveu procurar o centro espírita, como último recurso. Era a Federação Kardecista de Niterói. Ali chegaram com o rapaz no dia 15 de novembro de 1908, e quem os recebeu foi exatamente o presidente, o Sr. José de Souza.

A princípio a família Moraes ficou bastante inquieta com a situação. Na época, o simples fato de visitar um centro espírita já era algo assustador, devido ao preconceito e ao desconhecimento. Entre uma conversa e outra, descobriram que o Sr. José de Souza era alguém importante na Marinha: já naquela época, títulos e posições sociais eram ótimos cartões de visita. Logo se sentiram à vontade para conversar a respeito de Zélio.

Ali mesmo, na Federação, Zélio de Moraes agitou-se todo, e, como nas demais vezes, deu-se o chamado "ataque" que os familiares tanto temiam. O presidente, através da vidência, logo percebeu que se tratava do fenômeno da incorporação e que um ou mais espíritos se revezavam falando através do jovem rapaz. Eram manifestações involuntárias, já que o médium não detinha controle consciente sobre o fenômeno.

Conduzido pelo Sr. Souza a uma reunião, Zélio já se encontrava em transe. O dirigente divisava claramente imagens e cenas que ocorriam em torno do médium, e a presença de uma entidade comunicante:

– Quem é você que fala através deste médium? E o que deseja?

– Eu? Eu sou apenas um caboclo brasileiro. Vim para inaugurar algo novo e falar às pessoas simples de coração.

– Você se identifica como um caboclo, talvez um índio, mas eu vejo em você restos de vestes de um sacerdote católico. Não estará disfarçando sua aparência? Vejo-lhe o corpo espiritual.

– Sei que pode me ver. Mas asseguro-lhe que o que você percebe em mim são os sinais de uma outra existência, anterior a esta na qual adquiri a aparência indígena. Fui sacerdote jesuíta, e, na ocasião, meu nome era Gabriel Malagrida. Fui acusado de bruxaria pela Igreja, sacrificado na fogueira da Inquisição por haver previsto o terremoto que destruiu Lisboa em 1755. Mas, em minha última existência física, Deus concedeu-me o privilégio de nascer como um caboclo nas terras brasileiras.

– E podemos saber seu nome?

– Para que nomes? Vocês ainda têm necessidade disso? Não basta a minha mensagem?

– Para nós seria de muita ajuda saber com quem falamos. Quem sabe podemos ajudar mais sabendo também algo mais detalhado?

– Se é preciso que eu tenha um nome, digam que sou o Caboclo das Sete Encruzilhadas, pois para mim não existem caminhos fechados. Venho trazer a *aumbandhã*, uma religião que harmonizará as famílias, unirá os corações, falará aos simples e há de perdurar até o final dos séculos.

– Mas que religião nova é esta e por que fazer o médium sofrer assim?

– A nova religião virá, e não tardará o tempo em que ela falará aos corações mais simples e numa linguagem despida de preconceito. Entre o povo do morro, das favelas, das ruas e dos guetos, será entoada uma cantiga nova. O povo receberá de seus ancestrais o ensinamento espiritual em forma de parábolas simples, diretamente da boca de pais-velhos e caboclos. Quanto ao que você chama de sofrimento do médium, é apenas uma fase de amadurecimento de sua mediunidade. Vocês é que interpretam como sofrimento; para nós, é apenas uma forma de adaptarmos o aparelho mediúnico ao trabalho que espera por ele. Depois, todo esse incômodo cessará. O que tiver de vir, virá.

– Mas se já existem tantas religiões no mundo e também temos o espiritismo, você acha que mais uma religião contribuirá para alguma coisa positiva? Por que essa forma fluídica de caboclo ou, como você diz, de pai-velho? Isso é necessário?

– Deus, em sua infinita bondade, estabeleceu a morte como o grande nivelador universal. Rico ou pobre, poderoso ou humilde se igualam na morte, mas vocês, que são preconceituosos, descontentes por estabelecer diferenças apenas entre os vivos, procuram levar essas diferenças até além da morte. Por que não podem nos visitar os humildes trabalhadores do espaço se, apesar de não haverem sido pessoas importantes na Terra, também trazem importantes mensagens da Aruanda? Por que não receber os caboclos e pretos-velhos? Acaso não são eles também filhos do mesmo Deus?

– O que você quer dizer com a palavra *Aruanda*?

– Aruanda é o mundo espiritual, e os trabalhadores da Aruanda são todos aqueles que levantam a bandeira do amor e da caridade.

Depois de mais algumas perguntas feitas pelo dirigente da reunião espírita, o caboclo continuou:

– Este planeta mais uma vez será varrido pela dor, pela ambição do homem e pelo desrespeito às leis de Deus. A guerra logo irá fazer suas vítimas. As mulheres perderão a honra e a vergonha. Uma onda de sangue varrerá a Europa, e, quando todos acharem que o pior já foi atingido, uma outra onda de sangue, muito pior do que a primeira, envolverá a humanidade, e um único engenheiro militar será capaz de destruir, em segundos, milhares de pessoas. O homem será vítima de sua própria máquina de destruição.

– Vejo que você se faz um profeta...

– Assim como previ o terremoto de Lisboa em 1755, trago hoje em minhas palavras um pouco do futuro do mundo; mas agora já não podem matar o corpo, pois este está morto. Vivo como espírito e como caboclo trago uma nova esperança. Amanhã, na casa onde meu médium mora, haverá uma mesa posta para toda e qualquer entidade que queira ou que precise se comunicar; independentemente daquilo que haja sido em vida, será bem-vinda. Espíritos de sacerdotes, iniciados e sábios tomarão a forma de simples pais-velhos ou caboclos, e levaremos o consolo ao povo necessitado.

– Parece mais uma igreja que você fundará na Terra...

– Se desejar, poderá chamar de igreja; para nós é apenas uma tenda, uma cabana.

– E que nome darão a essa igreja?

– Tenda Nossa Senhora da Piedade, pois, da mesma forma que Maria ampara nos braços o filho querido, também serão amparados os que se socorrerem da *aumbandhã*.

– Por que dar o nome de tenda a essa igreja? Por que inventar novos nomes? Isso não irá complicar mais ainda para a população? – o Presidente José de Souza queria extrair mais alguma coisa da entidade.

– As igrejas dos homens e os templos construídos pelo orgulho humano são muito imponentes. Chamaremos de tenda o local de reunião; um lugar simples e humilde, como simples e humildes devemos trabalhar para ser.

Como era previsível, o presidente da Federação Kardecista

de Niterói não concordou com aquilo que o caboclo brasileiro trazia através de Zélio de Moraes. Contudo, foi obrigado a reconhecer que algo novo surgira naquele 15 de novembro de 1908.

No dia seguinte, a família Moraes se reuniria em sua sala e, juntamente com eles, um grupo de espíritas curiosos que chegaram para ver como seria a nova religião. Aqueles que se sentiram atraídos pelas palavras do caboclo perceberam a arrogância de certos dirigentes e foram obrigados a decidir se ficariam no antigo centro espírita ou se fariam parte da tenda, da nova religião. Durante os trabalhos, vários médiuns incorporaram caboclos, crianças ou pais-velhos. E nascia assim o comprometimento de Zélio de Moraes com a *aumbandhã* ou, simplesmente, umbanda. Uma religião tipicamente brasileira, considerando-se o tipo psicológico com o qual se apresentam as entidades veneráveis que fizeram da umbanda uma fonte de luz e sabedoria para as pessoas que sintonizam com suas verdades.

2

Considerações

Quem quer que haja meditado sobre o Espiritismo e suas consequências e não o circunscreva à produção de alguns fenômenos terá compreendido que ele abre à Humanidade uma estrada nova e lhe desvenda os horizontes do infinito.
Iniciando-a nos mistérios do mundo invisível, mostra-lhe o seu verdadeiro papel na criação, papel perpetuamente ativo, tanto no estado espiritual, como no estado corporal.
O homem já não caminha às cegas: sabe donde vem, para onde vai e por que está na Terra. O futuro se lhe revela em sua realidade, despojado dos prejuízos da ignorância e da superstição.

Allan Kardec,
Os tempos são chegados[1]

[1] In: KARDEC. *A gênese, os milagres e as predições segundo o espiritismo*. Tradução de Guillon Ribeiro. 1ª ed. esp. Rio de Janeiro: FEB, 2005. p. 522-523, item 15.

O INSTRUTOR SÉRVULO assumiu seu lugar numa espécie de tribuna. O ambiente espiritual estava repleto de aprendizes interessados no tema que nosso instrutor iria apresentar. Creio que muita gente na Terra gostaria de estudar mais pormenorizadamente a respeito da chamada magia, dos rituais sagrados e dos mistérios das religiões africanas ou afro-brasileiras.

Fui convidado a me aprofundar mais no assunto devido às minhas observações transcritas no livro *Tambores de Angola*.[2]

O tema é palpitante, mas pouco estudado pelos nossos irmãos espíritas. A umbanda para muitos ainda é tabu; quando qualquer aspecto associado a esse tema é ventilado nos círculos espíritas, geralmente observamos reação imediata, que denota o preconceito enraizado. Será puro medo? E que espécie de medo acomete muitos companheiros espíritas ao abordarmos o assunto umbanda?

[2] PINHEIRO, Robson. Pelo espírito Ângelo Inácio. *Tambores de Angola*. 2ª ed. rev. ampl. Contagem: Casa dos Espíritos, 2006. Originalmente publicado em 1998.

A maioria dos espíritas, ou pelo menos os mais ortodoxos, não admitem sequer a ideia de que pais-velhos, caboclos ou outras entidades espirituais semelhantes possam trabalhar nos centros ditos kardecistas. Porém, quando as coisas apertam, quando falham os recursos habituais consagrados pela ortodoxia, logo, logo pedem socorro ao primeiro pai-velho de que algum dia ouviram falar ou se ajoelham aos pés de alguma entidade num terreiro, escondidos não se sabe de quem.

Postas de lado as observações quanto ao comportamento daqueles que ainda necessitam se esconder por detrás de tais máscaras, fiquei imaginando o que o mundo espiritual ainda reserva para todos nós. A riqueza cultural do povo brasileiro é tão grande que toda essa história de magia, crenças populares ou cultos africanos, da forma como se apresenta pelo Brasil afora, não poderia passar despercebida do Mundo Maior.

À parte os excessos, as crendices e as lendas, o que nos aguarda além do véu dos mistérios? O que nos reserva o povo de Aruanda?

O instrutor Sérvulo assumiu um lugar de destaque entre os outros espíritos que organizavam aquela assembleia, e o silêncio logo se fez na plateia de mais ou menos 1,5 mil desencarnados que nos reuníamos naquelas paisagens do mundo espiritual.

– Caríssimos companheiros, seja a paz com todos nós. Acreditamos que todos aqui desejam esclarecimento quanto a certos assuntos relativos aos cultos afro-brasileiros ou à magia. Não pretendemos esgotar o assunto; entretanto, aconselhamos aos espíritos presentes que logo possam se integrar às diversas caravanas que descem à Terra para estudar detalhadamente cada aspecto relativo ao ocultismo e à magia. Muitas surpresas certamente aguardam a todos.

Quanto àqueles que se dedicarem à pesquisa séria, serão brindados com tesouros de conhecimento cujo valor somente o possuidor poderá aquilatar.

"A força, a arte ou o conhecimento que se convencionou chamar de magia está presente no mundo desde que surgiram os primeiros agrupamentos humanos. Inicialmente era considerado manifestação sobrenatural ou do mundo oculto todo e qualquer fenômeno que a mente humana primitiva não conseguia compreender. Em épocas recuadas, o homem já consagrava oferendas às forças titânicas e, até então, indomáveis da natureza. Assim começa a história da magia.

"Quando estudamos o passado histórico das civilizações podemos compreender quanto a ignorância dos homens primitivos contribuiu para desencadear o desenvolvimento de crenças e lendas, que, de algum modo, procuravam dar sentido às percepções e aos fatos incompreendidos. São histórias, personagens, superstições que nasceram da incapacidade momentânea dos povos da Terra de explicar ou compreender as leis da natureza, nas mais diversas épocas e culturas. A história da magia em sua manifestação mais elementar confunde-se com esse estado de ignorância dos fenômenos naturais. Nasceram, assim, os deuses e demônios, os seres considerados sobrenaturais e detentores de poderes e conhecimentos além do alcance dos simples mortais.

"Mais adiante no tempo, homens cujo psiquismo era mais desenvolvido que o dos demais de sua comunidade aprenderam a captar intuições ou foram guiados por mestres daquela época no contato com o mundo oculto e na manipulação de fluidos, elementos essenciais na prática dessa espécie de magia. Os feiticeiros, xamãs ou curandeiros, sacerdotes e sacerdotisas, após passarem por etapas de aprendizado e algum processo iniciático, estariam capacitados a manipular ervas, fluidos e até mesmo o psiquismo de seus companheiros de tribo ou nação.

"Consultados os registros do mundo astral – aquilo que os esoteristas costumam designar de *registros akáshicos*[3] –, pode-se ver que foi no lendário império da Atlântida que esses sacerdotes-médiuns alcançaram grande expressão no conhecimento dos elementos da natureza e na manipulação das chamadas forças ocultas do mundo. Tais forças ocultas não passam de elementais – isto é, seres em fases embrionárias de evolução –, assim como de fluidos e magnetismo, utilizados em larga escala por mentes acostumadas a longos processos de disciplina.

"Como a multidão não tinha acesso ao entendimento dos elementos da vida oculta, pelas características próprias da iniciação, criou-se a aura de mistério que envolvia os sacerdotes da Antiguidade. As pesquisas a respeito de ervas, pós e poções, beberagens e seus efeitos no organismo humano e na própria mente, assim como as drogas alucinógenas, aumentaram ainda mais o poder dos magistas e iniciados, que, ao longo do tempo, passaram a abusar do conhecimento que detinham. Surgem, na lendária Atlântida, os rituais sagrados e as primeiras manifestações da chamada magia negra.

"Ao conhecimento a respeito da natureza oculta, das ervas, dos fluidos e de certos elementos extrafísicos, juntou-se a experiência de alguns pesquisadores a respeito dos astros. Anteviram, através de suas pesquisas, eventos naturais e cataclismos, conhecidos com antecipação pelo olhar mais atento e observador, investigativo. Dá-se início, na Terra, à

[3] *Akasha* é uma palavra sânscrita, de gênero masculino, que significa espaço, éter. Trata-se de um conjunto de conhecimentos armazenados no éter, que abrange tudo o que ocorre no universo.

era dos profetas, adivinhos e prognosticadores, que guardavam, cada um, a característica de sua cultura e suas crenças.

"Segundo consta na tradição espiritual do planeta, elementos psíquicos descontrolados aliados aos abusos das inteligências da época atraíram os cataclismos responsáveis pelo fim daquele período, quando o continente da Atlântida mergulhou nas águas do oceano.

"Prevendo o fim próximo, alguns estudiosos de então transportaram seu conhecimento para outras terras, outras nações. Caravanas de iniciados, guardando o tesouro de suas pesquisas e experiências transcrito em papiros e pergaminhos da época, empreenderam a viagem dos magistas e chegaram às regiões correspondentes à Índia, ao Egito e à antiga Pérsia, onde fundaram escolas iniciáticas que buscavam preservar as tradições de seu povo. As Torres do Silêncio, na Pérsia, os templos iniciáticos do Oriente ou os conselhos de sacerdotes egípcios e de outros povos da Antiguidade formavam o reduto do conhecimento oculto. Poucos eram aqueles admitidos no círculo restrito de iniciação ao chamado ocultismo. Na época mais recente da história humana, muitos representantes dos sacerdotes e magos da Antiguidade transformaram-se em precursores dos atuais cientistas, através da reencarnação.

"Em partes do planeta onde o homem estacionou por mais tempo em sua caminhada evolutiva, também deixou de progredir o contato com o mundo oculto, e as práticas do ocultismo acabaram se degenerando em interesses mais imediatos. Difundiram-se na Terra as manifestações da magia negra, que outra coisa não é senão a manipulação dessas mesmas forças e dos elementos da vida extrafísica, mas associada a inteligências vulgares, que cultivam interesses infelizes e mesquinhos. Empreende-se o intercâmbio com forças e energias bastante primitivas, primárias e materializadas.

"Entidades cuja vibração se afina com tais interesses egoístas estabelecem ligação mais intensa com seus médiuns, magos negros encarnados, a fim de vampirizar suas energias. É comum observar, em casos assim, processos de simbiose espiritual. Os parceiros do conluio tenebroso passam a vibrar em conjunto, alimentando-se um do outro durante longos períodos, até que o elemento dor os desperte e coloque limites nos desregramentos e abusos cometidos."

Durante os comentários do instrutor espiritual nada se ouvia na assembleia de espíritos. O silêncio era completo. Enquanto Sérvulo falava, imagens tridimensionais eram projetadas no ambiente; sentíamo-nos envolvidos de tal forma nas cenas que pensávamos fazer parte da própria história, projetada pela mente holográfica do instrutor.

Quando terminou a conferência do elevado espírito, partimos para nossas atividades habituais, embevecidos com o conhecimento transmitido e as possibilidades de estudo no futuro próximo.

3

Reencontro

Não considero a crítica como expressão da opinião pública,
mas como juízo individual, que bem pode enganar-se. (...)
Esquecia-me, porém, de que íeis tratar a questão ex professo, *o que*
equivale a dizer que a estudastes sob todas as suas faces;
que vistes tudo o que se pode ver, lestes tudo o que sobre a matéria se
tem escrito, analisastes e comparastes as diversas opiniões;
que vos achastes nas melhores condições de observação pessoal; que
durante anos lhe consagrastes vigílias; em suma:
que nada desprezastes para chegar à verdade.

Allan Kardec,
Primeiro diálogo: O crítico[1]

[1] In: KARDEC. *O que é o espiritismo.* Tradução de Guillon Ribeiro. 1ª ed. esp. Rio de Janeiro: FEB, 2005. p. 67-68, cap. 1.

EU CAMINHAVA em direção às câmaras de socorro, local onde são atendidos os espíritos recém-chegados da Terra. Naquele dia minha tarefa era auxiliar no esclarecimento aos diversos grupos de desencarnados no que tange aos primeiros passos na vida espiritual.

O movimento era intenso em nossa colônia. Havíamos recebido um contingente muito grande de espíritos que requeriam cuidados mais demorados. Eram companheiros que desencarnaram juntos num mesmo acidente na Terra, e, devido às dificuldades apresentadas por eles na adaptação à Vida Maior, muitos de nossa comunidade espiritual foram convidados ao serviço.

Trabalhamos até tarde, auxiliando com passes magnéticos e encaminhamento de outras entidades ao posto de socorro espiritual.

Quando terminei minha cota de contribuição nas câmaras de socorro, dirigi-me ao Parque das Águas para meditar e organizar-me para futuras tarefas. Costumo comparecer com frequência ao local, aproveitando a tranquilidade dos jardins para programar alguma atividade ou rabiscar algum esboço daquilo que pretendo transmitir a encarnados e desencarnados.

Do lado de cá da vida temos também, em pleno funcionamento, nosso departamento de divulgação. Faço cá a minha vez de repórter não só entre os chamados vivos, mas também entre os vivos imortais.

Procure lembrar, caro leitor, que muitos espíritos não conhecem de perto o dia a dia dos agrupamentos religiosos da Terra. Costumam se ocupar com tarefas do lado de cá da vida e, assim, passam anos e anos sem um contato mais próximo com os encarnados. Outros simplesmente não apreciam a proximidade com o mundo dos homens e preferem permanecer entre nós, na esfera da imortalidade, aproveitando seu tempo para estudos e pesquisas antes de reencarnar.

Há cada situação deste lado da vida... Você certamente ficaria boquiaberto caso pudesse visualizar, ainda que por breves momentos, as cenas e as experiências vividas pelos espíritos. Muito daquilo que se escreve na Terra a nosso respeito não passa de fantasia, ficção criada pela mente de pseudomédiuns – ou mesmo captada da mente de pseudomentores, sem comprometimento algum com a verdade. Isso sem mencionar as histórias inventadas com a única finalidade de dar lucros a editores e autores imprevidentes, que se especializaram no comércio de "notícias do outro lado".

Modismos da velha e saudosa Terra deixados de lado, fato é que aqui também fazemos notícia. A maior parte das vezes, talvez para espanto de alguns, nossas matérias versam a respeito dos encarnados. Isso mesmo. Quando chegamos de alguma caravana de estudos na Crosta, é frequente nos reunirmos com outros espíritos para a troca de experiências e impressões. Em conversas assim, contamos as peripécias e estripulias de nossos diletos amigos encarnados, e, diante de notícias tão singulares, a grande maioria de espíritos, perplexa, não acredita que possa haver gente tão excêntrica e estranha reunida num centro espírita ou comunidade religiosa qualquer – ainda que eles mesmos costumassem, às vezes, agir de maneira idêntica quando encarnados.

Diante de tantos fatos merecedores de nossa curiosidade e atenção, resolvemos criar o correio entre dois mundos: tanto quanto levamos para os encarnados as notícias e alguns apontamentos do que ocorre do nosso lado, também trazemos para nossa comunidade de "almas do outro mundo" as notícias da velha Terra dos caminhos, amores e pesares. Ao comentarmos acerca de nossos médiuns com outros espíritos, ou a respeito do comportamento geral ante a realidade da vida, assistimos a espíritos dando gostosas gargalhadas – ou você acha que espírito não ri? Engana-se. Rimos e também choramos das histórias que ocorrem com nossos queridos irmãos da Terra. Os espíritos, na imortalidade, continuam a se emocionar, comover-se, alegrar-se, ao contrário do que possam pensar alguns.

E, para evitar estardalhaço ou mal-entendido com meu palavreado, quero esclarecer que, ao me referir à Terra, não significa que eu esteja fora dela – não, não sou ET desencarnado nem transformado em energia por algum processo mirabolante que uma mente mediunizada possa conceber. A propósito, há tantos médiuns por aí recebendo ET desencarnado que, quando chegarem aqui, se decepcionarão ao descobrir que seus mentores ETs são simplesmente espíritos turbulentos, que sintonizavam com a necessidade de aparecer na mídia espiritualista.

Aqui estamos na mesma Terra dos companheiros desencarnados. Vemos o mesmo céu, o mesmo sol, as mesmas estrelas e o mesmo firmamento. Estamos apenas em dimensões diferentes da vida, e alguns, tendo alcançado uma visão mais ampla da realidade, conseguem ir além da maioria de nós, pobres espíritos errantes.[2] Só isso. Se nos reportamos à "velha Terra", é apenas por força de expressão, bem como para destacar nossa situação de desencarnados, demarcar nosso ambiente de vivências, diferenciando-o daquele do qual antes fazíamos parte e ao qual voltaremos algum dia, através da reencarnação. Nada mais.

Uma das coisas que mais nos divertiu aqui, em nossa comunidade, foi observar a "lógica" de muitos companheiros espíritas diante de nossas observações registradas no livro *Tambores de Angola*.[3] Para eles, se o médium escreveu algo a respeito da umbanda, é porque se tornou umbandista.

Se o pobre rapaz psicografou um livro de determinado autor desencarnado, diz a lógica de nossos irmãos que foi filho desse espírito em outra encarnação. Só falta defenderem, com base nessa lógica "espiritólica", que, se um médium é visto entrando ou saindo de uma farmácia, ele está doente. Ora, levado a cabo esse raciocínio, se ele entrar ou sair de um velório, é porque está morto, ou – quem sabe? – se o médium psicografar algum mentor que tenha vivido em Roma, ou que tenha integrado a Igreja, veremos o dito médium desfilar trajando togas romanas ou becas sacerdotais. É tal a lógica pura e racional de muitos de nossos irmãos espíritas.

Há, portanto, quem espere o retorno de Ângelo, a fim de que possa se retratar ante a comunidade de espíritos espíritas e reescrever *Tambores*, de forma a fortalecer os pre-

[2] "Que é a alma no intervalo das encarnações? '*Espírito errante*, que aspira a novo destino, que espera'." (KARDEC. *O livro dos espíritos*. Tradução de Guillon Ribeiro. 1ª ed. esp. Rio de Janeiro: FEB, 2005. p. 197, item 224. Grifo nosso).

[3] PINHEIRO. Op. cit.

conceitos velados ou declarados. Não escrevo para agradar a gregos nem a troianos; para respeitar a verdade ou admitir a multiforme face da verdade, aqui estamos. Pretendo apenas construir a mesma melodia desenhada nos *Tambores*, sob o mesmo ritmo de muitos tambores – seja de Angola, do Brasil ou de Minas Gerais, onde reside o médium.

Uma vez mais, venho escrever sobre o povo de Aruanda, mostrar sua cor, seu jeito, seu sabor ao desempenhar o trabalho no bem. Quanto a satisfazer à pretensa pureza de alguns eruditos e doutores da verdade religiosa... abstenho-me.

Sou ainda o mesmo espírito de antes, mergulhado em minhas meditações, em meus escritos e rabiscos.

◇

O CÉU ACIMA DE MINHAS pretensões e divagações parecia escaldado num véu turquesa, refletindo a beleza da paisagem na qual estávamos envolvidos. No Parque das Águas, vários espíritos iam e vinham em conversa alegre e elevada, cada qual a seu modo. A única regra em nossa comunidade era manter a harmonia e o equilíbrio no que quer que realizássemos.

Era muito interessante ver espíritos de várias procedências desfilarem diante de mim. Muitos traziam na aparência perispiritual as características de sua última encarnação. Os trajes com que se faziam visíveis refletiam os costumes de diversas épocas, regiões e culturas nas quais viveram ao longo da história planetária. No entanto, tudo isso era harmonioso e digno; não observávamos nenhum excesso.

E, assim, num clima de nobreza e respeito ao espírito humano imortal, avistei ao longe o vulto de alguém que julguei conhecer.

Aproximei-me mais da entidade, que estava radiante

de alegria, e eu mesmo tomei a iniciativa, dada a descontração do momento, de abraçar a bondosa Euzália, a madona que me recebera no Além antes das experiências que relatei ao médium em *Tambores de Angola*.[4]

Euzália apresentava-se, como de costume, à moda das mulheres que viveram nos séculos XVII ou XVIII. O tecido de seu vestido se assemelhava ao veludo, encorpado e imponente; trazia algumas flores enfeitando-lhe os cabelos. O espírito bondoso abraçou-me com carinho, e senti-me transportado às nuvens, tamanha era a emoção neste reencontro de corações.

– Que bom revê-lo, meu filho – disse-me Euzália, radiante. – Fui informada de que o encontraria aqui, então resolvi surpreendê-lo.

– Nem sei como expressar minha alegria, Euzália, ou devo chamá-la de Vovó Catarina?

– Não importa, Ângelo; os nomes não importam. O que faz diferença mesmo é nosso coração, nossas vidas, que agora estão entrelaçadas pelo amor e pelo trabalho na seara do Mestre.

– Vejo que está sempre bela e bem disposta. Aliás, sua tarefa é muito bonita e nobre, Euzália: é preciso muita renúncia para deixar o plano da vida com o qual você sintoniza e trabalhar nas esferas mais densas, como você faz.

– Que nada, Ângelo! Jesus fez muito mais por todos nós e, com um professor como ele, que outra atitude seria possível? Estamos apenas treinando o desapego para que algum dia possamos amar de verdade... Mas vejo também que você andou fazendo das suas lá "embaixo", na Terra. Me contaram que o velho Ângelo resolveu escrever sobre nossas experiências na umbanda, não é mesmo?

[4] Idem.

– Nem lhe conto, Euzália, nem lhe conto. Sinto saudades da visita que fiz aos trabalhos da umbanda.

– Foi pensando nisso, Ângelo, na afinidade que você desenvolveu com o povo da umbanda que eu resolvi lhe fazer uma visita. Ocorre que as pessoas lá da Terra estão muito carentes de orientação, e tem muita gente aí dizendo e fazendo coisas que não deveria. Como você é repórter e tem facilidade com as letras, pensei que poderia convidá-lo a uma pequena excursão, ocasião que aproveitaríamos para prestar alguns esclarecimentos aos amigos encarnados. Todavia, sinta-se à vontade para rejeitar a ideia; é apenas um convite.

– Rejeitar, eu? Nem me diga, Euzália. É só me conceder um tempinho para que encerre algumas atividades que assumi em nossa comunidade, e pronto.

– Mas não se apresse, Ângelo, meu amigo. Não se apresse. Vou também aproveitar a minha visita a sua morada, esta comunidade de espíritos amigos, e conhecê-la melhor. Me disseram também que você mantém aqui uma espécie de jornal dos desencarnados, é verdade?

– Claro, Euzália: minha ideia era fundar um jornalismo dos imortais, se posso assim dizer. Não dá ibope, como entre os encarnados, mas é útil para que eu não esqueça os velhos hábitos de jornalista e escritor.

– Preciso me informar mais – tornou Euzália. – É tanta coisa que vocês fazem por aqui... Quem sabe não poderia levar a ideia para minha comunidade também?

E, após ligeira pausa, prosseguiu o espírito amigo:

– Pois bem, meu querido amigo, vou deixá-lo um pouco, para que providencie os recursos necessários à nossa partida. Afinal, você também tem seus deveres, que não poderão ser desprezados. Vejo-o mais tarde.

– Mas como a encontrarei em meio a tanto espírito? – perguntei.

– Ora, Ângelo, não se preocupe – falou Euzália, sorrindo. – Encontraremos um ao outro pelo coração, por aí...

Euzália estava radiante. Esse espírito me surpreendia com o conhecimento e a experiência que detinha.

Saí do Parque das Águas em direção a outros lugares. Teria muito a fazer antes de ir ter com Euzália. O que me aguardaria, então? Meu espírito de jornalista excitou-se ante a ideia de uma nova empreitada. Apesar de já possuir muito material em arquivo para transmitir ao médium, não poderia perder a oportunidade. Antes, porém, deveria terminar minhas tarefas e remanejar meus compromissos nas câmaras de socorro. Precisava organizar meu tempo.

Respirei a longos haustos e, pensando nos companheiros encarnados, falei comigo mesmo:

– O pessoal da Casa dos Espíritos poderá até se sentir feliz com o novo material que talvez consiga enviar, mas ai do médium!... Não vai ser fácil este novo livro.

É que, quando as pessoas gostam de um livro psicografado, dizem logo: "Que espírito! Mas como é elevado...". Contudo, quando o tema é de certa forma polêmico, ou não satisfaz as expectativas do indivíduo com relação àquilo que ele pensa ser a verdade, ferem-se seus preconceitos, e sentencia, então: "O médium está obsidiado".

Porém, uma vez que os espíritas são mais caridosos e vivenciam mais o Evangelho, por certo não dirão mal do médium, ou que esteja obsidiado. Não! Espírita sincero é muito esclarecido e caridoso... Já ouço os comentários amorosos: "Vamos orar pelo médium, meus irmãos. Que infelicidade, ele está mal assistido... Vamos vibrar por ele".

4

Nas câmaras de socorro

Quando a ciência espírita estiver solidamente constituída
e escoimada de todas as interpretações sistemáticas e errôneas,
que caem a cada dia ante o exame sério, eles [os espíritos]
se ocuparão de estabelecê-la em âmbito universal,
para isso empregando poderosos meios.
Enquanto esperam, semeiam a ideia por todo o mundo, a fim de que,
quando o momento estiver chegado, ela encontre, por toda parte,
o terreno preparado.
E saberão bem como superar todos os entraves, pois o que podem
contra eles e contra a vontade de Deus os obstáculos humanos?

Allan Kardec,
Impressões gerais'

In: KARDEC. *Viagem espírita em 1862*. Tradução de Wallace Leal Rodrigues. 2ª ed. Matão: O Clarim, [1968?]. p. 25.

O ENCONTRO COM Euzália despertou em meu espírito muitas lembranças ternas. Também vi no convite da mentora generosa uma oportunidade de trazer novos apontamentos para muitos companheiros encarnados e intensificar ainda mais as reflexões que envolvem a delicada questão do preconceito, tão comum em muitos trabalhadores espíritas.

Creio que a atual confusão que se faz nas terras brasileiras quanto ao espiritismo e à umbanda fez surgir uma espécie de reserva nos chamados médiuns de mesa em relação aos médiuns de terreiro. O estigma gerado foi tão grande que os irmãos espíritas parecem "tremer nas bases" toda vez que alguém confunde as duas religiões. É claro que sou a favor do esclarecimento do povo e da sociedade em geral, mas, primeiramente, é preciso fazê-lo no meio onde impera essa confusão, isto é: entre espíritas e umbandistas. Por que tanto desconhecimento e mal-entendido assim, meu Deus?

Espiritismo é espiritismo e disso nenhum de nós duvida, assim como umbanda é umbanda e não há como deixar de distinguir as duas coisas. No entanto, a guerra que se faz por aí contra os espíritos que se manifestam como pretos-velhos e caboclos é tão grande que serve apenas para fortalecer o preconceito.

Da mesma forma, ninguém ignora que muitas instituições espíritas veneráveis, embora de forma velada, acabam aceitando a presença desses companheiros desencarnados, como os pais-velhos, pois sabem que a forma exterior não é nada, mas a essência é tudo.

Fico aqui pensando e rascunhando meus escritos: será que nossos companheiros de doutrina espírita acham que espírito atrasado só pode ser preto-velho? Será que brancos idosos, com olhos azuis e cabelos loiros, acaso não podem ser espíritos obsessores?

É necessário voltar para o que ensina Allan Kardec em *O livro dos médiuns*. Ele esclarece que o espírita, tanto o evocador quanto os médiuns, deve se ocupar mais com a análise do conteúdo[2] da comunicação que com a forma ou o nome com que se manifesta o comunicante; observar o que o espírito diz, sua elevação moral. Todavia, diante de tanto receio com relação a essa tremenda confusão religiosa, o que muitos estão fazendo é exatamente o oposto do recomendado pelo Codificador. Esquecem-se do conteúdo – ou melhor, nem deixam o espírito comunicar-se direito, pois logo querem doutriná-lo. Só porque o infeliz resolveu manifestar-se como um preto-velho! Também, que assim seja: por que, afinal de contas, ele não escolheu ser um branco velho? Talvez assim pudesse fazer seu trabalho direito... pelo menos, entre muitos espíritas.[3]

[2] "Os Espíritos superiores nenhum outro sinal têm para se fazerem reconhecer além da superioridade das suas ideias e de sua linguagem" (KARDEC. *O livro dos médiuns*... Op. cit. p. 401, § 23º).

[3] "Há pessoas que se deixam seduzir por uma linguagem enfática, que apre-

Um dia após o encontro com Euzália no Parque das Águas, dirigi-me novamente às câmaras de socorro, que se encontravam repletas de recém-chegados. Era ali que travávamos o primeiro contato com os espíritos vindos da Terra, de recente desencarnação.

Entrei no ambiente acolhedor, decorado com cores suaves, que inspiravam tranquilidade. A arquitetura lembrava-me algo da antiga Grécia, semelhante aos seus templos famosos. Desciam, pelas paredes e pilastras, arbustos floridos, que, pela aparência, ainda eram desconhecidos pelos nossos irmãos da Terra.

O trabalho era intenso naquele dia. Novo comboio chegara da esfera física e trazia um novo grupo de espíritos atônitos quanto à nova morada. Predominava em seu semblante um misto de susto e medo.

Nem sempre os espíritos conseguem transpor os limites vibratórios do mundo físico de forma natural, usando a volitação. Muitas vezes, o peso da matéria e a densidade das vibrações, muito materiais, levam os desencarnados mais esclarecidos e experientes a se utilizarem de comboios, que são veículos construídos com matéria extrafísica, sutil. Com essas naves, pode-se transportar uma quantidade maior de espíritos, sem que seja necessário gasto excessivo da energia mental dos responsáveis para promover a volitação. Aliás, poucos conseguem volitar, devido ao apego à matéria, aos costumes profundamente arraigados da vida física, como o hábito de deslocar-se caminhando, bem como à pouca experiência na manipulação de processos mentais, tão necessária em casos assim. De todo modo, os comboios

ciam mais as palavras do que as ideias, que mesmo tomam ideias falsas e vulgares por sublimes. Como podem essas pessoas, que não estão aptas a julgar as obras dos homens, julgar as dos Espíritos?" (Idem, § 26º).

ou naves foram criados para facilitar a transposição nas faixas de energia mais densas. Há muitos na Terra que, devido a condições fluídicas, atmosféricas ou psíquicas favoráveis, puderam diversas vezes vislumbrar nossas naves, que são estruturadas em matéria astral. A questão é que, como há muitas mentes dadas à fantasia e altamente impressionáveis, interpretaram sua visão como sendo a de naves extraterrestres. Enfim, cada qual tira conclusões a sua maneira.

Entrei no pavilhão onde eram recebidos os espíritos vindos da Crosta. Encontrei um velho amigo e companheiro de outras jornadas:

– Arnaldo, meu amigo, que bom revê-lo nesta tarefa.

– Para mim sempre é bom reencontrá-lo nesta câmara, Ângelo.

– Tenho tarefas para realizar aqui também – redargui. – Preciso dar a minha cota de contribuição para nossa comunidade, não é mesmo?

– Vejo que não está envolvido apenas com os papéis e escritos, o que é muito bom – falou Arnaldo.

No pavilhão encontravam-se vários grupos de espíritos que pareciam absorvidos em terna conversação. Arnaldo convidou-me a observar as características de cada grupo, enquanto auxiliávamos os companheiros recém-libertos do corpo.

Sempre curioso, resolvi aguçar minha percepção ao ver uma senhora aproximar-se de um grupo de espíritos e comentar:

– Deus me livre, Deus me livre! Nem sei ainda o que está me ocorrendo. Toda essa gente estranha... parecem com cara de velório. Deus me acuda de todo esse povo! Quero voltar para casa imediatamente.

– Minha irmã, é preciso calma agora – interferiu um dos espíritos que auxiliavam. – Não adianta ficar assim, inquieta e nervosa.

– Não quero saber de nada. Exijo providências urgentes. Afinal, minha família pode pagar muito bem. Minha neta mora na zona sul e tem como marido um grande banqueiro da capital. Diga seu preço, que ele pagará. Por que me raptaram? Fale, seu covarde, fale! – ela estava à beira do descontrole. – Ah! Mas a polícia vai saber que me raptaram, e, agora, aposto que vão extorquir dinheiro da minha família.

– Minha senhora, a situação é outra. A irmã não foi raptada, é que agora se encontra em outra realidade, e aqui seu dinheiro não tem nenhum valor.

– Que nada! Dinheiro sempre interessa. O senhor dissimula apenas para aumentar seu preço. Mas pode dizer, que minha família pagará. Quanto você tem tirado de toda essa gente aqui? Garanto que foram raptados também. Além do mais, com essa onda de sequestros que anda por aí...

O espírito parecia dementado, e sua fala só não soava mais absurda porque em toda parte do pavilhão ouvíamos comentários semelhantes:

– Meu Deus – falou uma menina perto de nós –, o que me aconteceu? Como vim parar neste lugar? Onde estará mamãe? Espero que este pesadelo acabe logo. Estava a caminho do hospital, agora estou aqui, neste lugar estranho. O que está acontecendo comigo?

A criança foi logo socorrida por Arnaldo e conduzida à sala de repouso.

Por todo lado os espíritos recém-desencarnados encontravam-se estupefatos com a nova situação; a reação geral ia do espanto à indignação. Alguns necessitavam de internamento emergencial no posto de socorro de nossa comunidade, outros poderiam ser amparados e esclarecidos ali mesmo.

– Meu senhor, meu senhor, por favor, ouça-me – disse

um espírito que se aproximava naquele momento, em tom de clamor. – Ouça-me, por Deus. Não sei o que exatamente me aconteceu, mas eu preciso voltar para casa. Deixei meu filho de apenas três anos na companhia do pai, mas a criança precisa de mim com urgência. O pai é alcoólatra, e, além dele, só tenho a Marinalva, minha irmã que mora lá em casa, em quem posso confiar. Preciso voltar imediatamente. Por Deus, meu senhor, o que me ocorreu, por que estou aqui? Não me lembro de nada, absolutamente. Preciso ver o meu filho! Me ajude, pelo amor de Deus...

À medida que descrevia sua angústia, a pobre mulher chorava copiosamente, comovendo-me também. Ela não sabia que desencarnara vítima de uma parada cardíaca.

Os casos sucediam-se, com cenas e histórias comoventes, que exigiam de nós intenso trabalho, carinho, amor e tolerância para com aqueles que chegavam da outra margem do rio da vida. Deixei-me envolver com as necessidades de um grande número de espíritos; à medida que desempenhava minha tarefa, sentia-me cada vez mais realizado. Durante o equivalente a mais de 42 horas dediquei-me ao trabalho, sem notar como o tempo corria veloz.

Arnaldo foi quem me convidou para a pausa necessária, pois ele aproveitaria o período de descanso para me apresentar um espírito amigo. Demandávamos outro local, enquanto explicava a Arnaldo o reencontro que tivera com Euzália.

– Euzália, aqui? – perguntou Arnaldo, com surpresa.

– Claro, ela veio me convidar para uma nova tarefa. Que tal você vir conosco?

– Não posso, Ângelo. Tenho outras atividades, com as quais já me comprometi. Entretanto, desejo ardentemente rever Euzália. É muito cara a meu coração, além de um bom espírito e valorosa trabalhadora do bem. Creio mesmo que ela se esconde atrás da figura e do jeito simples com que se apresenta.

– Como assim, Arnaldo? – perguntei.

– Muitos espíritos superiores se disfarçam com aparência singela, Ângelo, para não constranger aqueles que carecemos de referências para prosseguir rumo ao Alto. Apresentam-se para nós em roupagens humildes, sem alarde e com o aspecto perispiritual de gente comum; no fundo, no fundo, porém, são grandes almas, que servem no anonimato. Com sua discrição, fazem-se iguais a nós e, desse modo, procuram nos incentivar na caminhada.

– Posso dizer que, se Euzália age assim, ela está tendo grande sucesso em me enganar, não acha? – comentei em tom jocoso.

Rimos um pouco, enquanto prosseguíamos em direção ao edifício central da administração de nossa comunidade.

Ao chegar lá, notei que Arnaldo me preparava alguma surpresa. Tentei sondar-lhe o pensamento, mas creio que ainda sou muito amador na percepção dos intricados processos mentais. Nada consegui.

Arnaldo, notando-me a intenção, não se fez de ingênuo:

– Não trago nenhuma surpresa, Ângelo. Apenas desejo que você conheça alguém que considero muito especial. Creio que vocês terão muito que conversar, e, talvez, ele seja um grande companheiro seu, junto a Euzália.

– Se é alguém assim tão especial, por que você não falou dele antes?

– Só há pouco tempo soube da presença dele aqui, em nossa colônia.

– Então ele não reside aqui, como nós? Esse espírito está de passagem em nossa comunidade?

– Ah! Sim – respondeu Arnaldo. – Ele veio de outra comunidade de espíritos. Vez ou outra nós realizamos um intercâmbio, a fim de trocar experiências e aprendizados: alguns espíritos de nossa esfera estagiam em outros lugares, enquanto recebemos companheiros desencarnados de outras estâncias do universo.

Arnaldo silenciou, tendo instigado ainda mais minha curiosidade – que é, afinal, minha característica mais evidente. Não posso esconder meu desejo por tudo aquilo que estimule o conhecimento; embora seja uma "alma do outro mundo", estou sempre interessado pelas coisas de todos os lados da vida.

A maior surpresa que tive naquele dia aconteceu quando adentramos o prédio para onde nos dirigíamos. A Arnaldo não faltava a alegria, mas ficara igualmente surpreso. Era Euzália, que vinha toda radiante, na companhia de dois espíritos, em intensa conversação.

– Euzália? – indagou Arnaldo. – Não esperava encontrá-la aqui!

– Que tal a surpresa, Arnaldo? Garanto, meu filho, que você jamais imaginaria encontrar-me na presença de alguém aguardado ansiosamente, não é?

Eu mesmo nada entendi. Euzália se aproximou de nós, deixando para trás os dois espíritos, e nos abraçou efusivamente. Fui obrigado a relaxar, frente a tamanha descontração e carinho.

Introduzindo os outros companheiros, Euzália logo pôs todos à vontade:

– Creio que Arnaldo já conhece ambos. Mas tenho o imenso prazer de apresentá-lo, Ângelo, aos meus amigos e companheiros de trabalho.

Com as mãos apontadas na direção dos dois espíritos, Euzália prosseguiu:

– Este aqui é Wallace, trabalhador das lides espíritas desde encarnado, velho companheiro de todos nós. E aquele

– Euzália indicou a outra entidade – é um companheiro de minha comunidade, que está aqui em intercâmbio.

Antes que Euzália terminasse, Arnaldo e eu fomos abraçados com afeição por ambos.

– Afinal, Euzália – indaguei, às pressas –, você não me disse o nome do nosso companheiro.

A entidade amiga segurava-me pelo braço esquerdo e transmitia-me uma estranha sensação de familiaridade, como se de longa data o conhecesse. Era dono de certa nobreza, de uma compostura notável. Trajava paletó e gravata, de acordo com o costume terreno, mas com características que remetiam à moda dos anos 1930, não fosse a ausência do chapéu. Já Wallace era mais descontraído, jovial e com um sorriso indisfarçável no rosto. Euzália prosseguiu com a apresentação.

– Este é nosso irmão Silva, grande companheiro de trabalho e um velho guerreiro, que tem batalhado, cá do nosso lado, para o esclarecimento de muita gente que ficou do outro lado da vida.

Silva, já nos primeiras minutos, apresentou-se simples e alegre, o que me cativou de imediato. Wallace, feliz, comportava-se também como se me conhecesse há muito. A partir desse contato amistoso, fiquei logo à vontade com os companheiros de futuras aventuras espirituais.

Sem reserva nem timidez, Arnaldo se adiantou, com bom humor:

– Euzália acabou com a minha surpresa! Na verdade, eu é que fui pego de sobressalto com sua presença. Jamais imaginaria... Achei que eu apresentaria Wallace e Silva para nosso amigo Ângelo, mas, não: você se antecipou a mim, Euzália.

E foi ela quem mais uma vez tomou a iniciativa:

– Bem, já que agora estamos em família, vamos andando, que o trabalho nos espera.

Euzália retirou-se, junto com Arnaldo, para conversar sobre outros assuntos. Deixaram-me, portanto, a sós com Wallace e Silva, caminhando entre os jardins tão acolhedores de nossa comunidade, nas proximidades da própria unidade administrativa.

– E aí, Wallace, o que me diz de você? Já que estamos iniciando uma amizade, que espero ser promissora, que tal nos conhecermos melhor?

– Claro, Ângelo, o que deseja saber?

– Euzália por certo já deve ter lhes falado a meu respeito. Pois, se não me engano, este nosso encontro já estava programado, não é?

– Bem... Talvez – respondeu Wallace, esboçando um sorriso com ar de mistério e dirigindo o olhar a Silva. Foi este quem continuou:

– Wallace foi um grande trabalhador no movimento espírita do estado de São Paulo, Ângelo. Creio que ele tem uma bagagem espiritual de fazer inveja a muita gente boa por aí.

– Que nada, Silva – interrompeu-lhe Wallace. – Isso é exagero seu.

– É mesmo! Não há por que esconder o fato de ninguém.

Wallace reagiu:

– O Silva também é um trabalhador de grande prestígio lá em baixo, Ângelo. Quer dizer, lá na Terra não é esse o nome pelo qual é conhecido, mas o pseudônimo é necessário.

– Ocorre que alguns de minha família ainda moram lá em baixo – explicou Silva. – Além disso, como escrevi algumas obras antes de desencarnar, atingi certa projeção, e isso basta para que as pessoas atribuam a mim mais méritos do que possuo. De qualquer modo, creio que é mais prudente evitar qualquer tipo de identificação por parte dos companheiros encarnados, não acha?

– Eu mesmo fiz assim – dirigi-me a ambos. – Fui jornalista e escritor na velha Terra, mas, aqui, sou apenas um aprendiz, e por isso resolvi me ocultar sob o pseudônimo de Ângelo Inácio, para evitar problemas maiores para o médium e os outros companheiros encarnados. Mas contem-me algo mais sobre vocês.

– Silva foi um grande tarefeiro, que trabalhou muito para o esclarecimento de nossos irmãos umbandistas. Ele tem um compromisso imenso com nossos irmãos e, vez ou outra, vem aqui para a troca de experiências.

– Sim – retomou Silva. – Desde que desencarnei, dedico-me a aprofundar meus estudos nas questões espirituais. Além, é claro, de rever muitos de meus conceitos, que, ainda hoje, lá na velha Terra, como você diz, Ângelo, são objeto de estudo de muita gente. É óbvio que muitas coisas que a gente defende, quando encarnado, têm de ser revistas do lado de cá da vida. Embora, considerada a época em que escrevi meus livros, tudo aquilo refletisse a mais pura verdade para nossos amigos umbandistas, devo hoje reconhecer que tenho muito a reaprender. Muitos conceitos e opiniões merecem ser avaliados deste lado da vida.

– Por isso – esclareceu Wallace – é que nosso amigo Silva veio visitar nossa colônia, pois temos um acervo muito grande em nossa videoteca.

– Certamente – respondeu Silva. – Quando comecei minha carreira de escritor, não tinha acesso a muita coisa, a não ser às instruções de um companheiro espiritual, que já me orientava naquela época. Do lado de cá da vida, percebi que muitas coisas que os espíritos passam por via mediúnica chegam deturpadas na dimensão física, devido ao descenso vibratório. É muito densa a vibração dos encarnados... Por isso, caso o médium, seja ele espírita, umbandista ou o que for, não seja obstinado em manter-se informado, procurando educar-se e estudar, corre grande risco de não ser fiel às inspirações que recebe. Comigo não ocorreu diferente. Devo admitir, meus amigos, que no mundo espiritual as coisas são bem mais fáceis, no que concerne aos estudos. Também pude modificar bastante minha visão e minhas teorias a respeito do espiritismo, de Allan Kardec e da mediunidade tal como é praticada nas lides espíritas.

– Essa história conheço de perto – afirmei sem afetação.

– Não é só o espírita que tem preconceito contra os umbandistas, não! Muitos companheiros da umbanda acham que os espíritas são fracos ou orgulhosos. Na verdade, a questão aflige é o ser humano.

– Isso mesmo – argumentou Wallace. – O problema do preconceito está em todo lugar e em toda religião que pretende estabelecer dogmas. Ninguém está imune a isso, não! A dificuldade está no ser humano que se julga o melhor. O indivíduo avalia que sua parcela da verdade é maior, mais bonita ou, em casos mais graves, a única verdade. Assim como em qualquer âmbito da ação do homem, isso ocorre com espíritas, católicos, protestantes ou umbandistas, só para citar algumas denominações religiosas. Com a finalidade de esclarecer esses e outros aspectos é que estamos estudando.

– De minha parte – asseverei, expressando o sentimento que nos unia – creio já não exista mais lugar na Terra para tal comportamento. Precisamos lutar para abandonar hábitos assim e nos empenhar para o esclarecimento de todos. Afinal, quando a morte do corpo nos surpreende, não somos mais espíritas, muçulmanos, umbandistas ou budistas; somos apenas filhos de Deus. Nada mais.

A conversa transcorria de forma agradável e interessava-me sobremaneira, mas precisávamos nos apressar para os preparativos da excursão da qual Euzália nos chamou a participar. Minha curiosidade aumentava a cada palavra de

Silva e Wallace, que parecia se divertir muito comigo, pois me incentivava a fazer cada vez mais perguntas.

Reencontramos Euzália, já sem a companhia de Arnaldo, a qual imediatamente nos fez a proposta de breve partida. Aproveitaríamos as condições fluídicas e atmosféricas para nos dirigirmos à Crosta, à morada dos homens, como falávamos alguns de nós.

Despedi-me dos companheiros para reencontrá-los em breve. Ainda tinha muito a organizar. Precisava de algum tempo a mais, a fim de não sobrecarregar outros espíritos com a tarefa que pertencia a mim. Mas eu estava eufórico, quase ansioso. Percebendo meu estado íntimo, optei por parar um pouco e orar, a fim de estabelecer maior calma em meu interior. A euforia poderia servir como porta de desequilíbrio para nosso trabalho. Orei e agradeci a Deus a oportunidade de me sentir útil fazendo aquilo de que mais gosto e que me traz maior realização. Agora, uma vez mais, despertava em mim o espírito de jornalista, do escritor, do velho Ângelo de antes.

5

Região de transição

– Assim, quando os Espíritos que habitam mundos superiores vêm ao nosso meio, tomam um perispírito mais grosseiro?
– "É necessário que se revistam da vossa matéria, já o dissemos".
– O invólucro semimaterial do Espírito tem formas determinadas e pode ser perceptível?
– "Tem a forma que o Espírito queira. É assim que este vos aparece algumas vezes, quer em sonho, quer no estado de vigília, e que pode tomar forma visível, mesmo palpável".

Allan Kardec e espírito Verdade,
Perispírito[1]

[1] In: KARDEC. *O livro dos espíritos.* Op. cit. p. 115-116, itens 94a-95. O trecho entre aspas é uma psicografia.

EUZÁLIA, SILVA, Wallace e eu deixamos a comunidade espiritual em que nos encontrávamos e descemos vibratoriamente em direção à Crosta. A descida a que me refiro não significa que, como espíritos, estejamos realmente acima da morada dos homens. Utilizo-me dessa expressão sem me preocupar com a questão da localização geográfica, o que é bastante complexo para tentar descrever em breves palavras, além de fugir ao objetivo desta obra. Fato é que, quando afirmo que descemos, quero expressar apenas que relaxamos, por assim dizer, o padrão vibratório.

Na verdade, transpor as fronteiras vibratórias entre os dois lados da vida afigura-se para nós, desencarnados, como percorrer longa distância entre um ponto e outro do planeta. Isso se deve à densidade de fluidos e matéria astral que compõem a atmosfera do mundo. Não obstante tenhamos mergulhado neste mar de radiações fluídicas e ondas magnéticas próprias do plano dos encarnados, antes que atingíssemos a Crosta propriamente dita, percorremos longos trechos em regiões inóspitas do astral, que é uma zona intermediária entre os dois planos da vida.

O plano astral é caracterizado por uma espécie muito densa de fluidos ambientes, produto da atmosfera psíquica que lhe dá origem, povoado de formas e criações mentais repletas do conteúdo emocional de nossos irmãos encarnados. Por ser área de transição, encontra-se mergulhado num oceano de vibrações que podemos classificar como inferiores. Os elementos que constituem essa região são, em essência, a fuligem emanada dos pensamentos desgovernados e a carga emocional tóxica que envolve encarnados e desencarnados em estágios mais primitivos ou acanhados de desenvolvimento espiritual, bem como as criações mentais de magos e cientistas das trevas. Junta-se a tudo isso, ainda, a contribuição triste da paisagem que se observa nestas regiões sombrias do mundo astral.

Por outro lado, em meio a esse ambiente desolado, habitado por sombras e criações animalescas, verdadeiros oásis se erguem como postos de socorro e refazimento, os quais servem de base de operações para os espíritos do bem. São albergues, prontos-socorros, casas de transição e comunidades inteiras de espíritos benfeitores que sobrevivem em meio ao ambiente insalubre da natureza astral, trabalhando para resgatar almas, esclarecer consciências e prestar socorro a milhares de espíritos despreparados para a vida superior. São agrupamentos de almas valorosas, que constroem tais abrigos provisórios e os mantêm pela força do pensamento elevado e do sentimento de solidariedade em relação aos espíritos sofredores.

Nossa pequena caravana se dirigia a um desses postos de socorro abençoados, antes de penetrarmos a morada dos homens. Àquela altura atingíamos uma região de difícil locomoção, devido ao intenso nevoeiro e à ventania, que parecia querer destruir tudo ao redor. Em nossa companhia havia mais cinco espíritos, de antigos soldados romanos, que nos auxiliavam durante o descenso vibratório.

Ouvimos vozes, sussurros e ruídos estranhos, que, aos poucos, foram se avolumando por todos os lados. Confesso que fiquei ligeiramente apreensivo ao passar pela região, mas o olhar firme e confiante de Euzália e do companheiro Silva me inspirou confiança para prosseguir. O silêncio em nossa caravana foi quebrado por Euzália:

– Paremos por um momento, a fim de trocar de vestes.

Reagi com espanto diante do que ouvia. Então, deveríamos mudar nossos trajes? O que significava isso? Euzália, circunspeta, esclareceu:

– Deste ponto em diante, penetramos numa região dominada por espíritos infelizes, e os habitantes desta morada astral não podem nos reconhecer com a aparência perispiritual em que nos encontramos. Por isso, precisamos modificar nossa vibração e imprimir outra aparência a nossos corpos espirituais.

Enquanto explicava, Euzália e Silva puseram-se a concentrar seu pensamento. Imediatamente os soldados ou guardiões levantaram suas lanças, à semelhança de dardos de energia, e formaram em torno de nós uma espécie de escudo protetor. No ambiente inóspito em que nos encontrávamos esse era um comportamento necessário, devido aos elementos psíquicos desgovernados e desequilibrados que nos envolviam.

Mirei Euzália e presenciei outra vez a transformação da madona de rara beleza na figura simples de uma escrava, refletindo nos olhos a intensidade de seu magnetismo.

Primeiramente, vi transformarem-se diante de mim as vestes suaves e translúcidas de Euzália. Pouco a pouco, seu vestido assumiu aspecto mais simples; então, completamente diferente, assemelhava-se à vestimenta própria das mulheres das senzalas, segundo o costume de meados do século XVIII. Euzália, no momento da transformação, parecia um ímã vivo. Verdadeiras ondas de fluidos eram atraídas em sua direção, formando, em seu redor, uma espécie de campo magnético, que, de algum modo, materializava-se nos trajes com os quais Euzália se distinguia a partir daquele momento. A seguir, foi a vez da aparência espiritual. Paulatinamente, as feições de Euzália transfiguravam-se, assumindo nova conformação. A aparência clara, de tipo europeu, tomou as características de uma negra, sem perder, porém, a delicadeza no olhar e a simplicidade do espírito nobre. As rugas se fizeram notar, e os cabelos tornaram-se esbranquiçados. Já não era mais Euzália que estava diante de mim, mas Vovó Catarina, a preta-velha que eu conhecera no passado, numa tenda de umbanda. Um sorriso largo estampou-se em seu semblante, e vi que a beleza do espírito e sua nobreza não estão em sua aparência, mas em sua intimidade, em sua essência divina. Os olhos de Vovó Catarina pareciam duas pérolas cintilantes, tamanhos eram seu brilho e clareza.

Virei-me, então, para nosso companheiro Silva, a tempo de presenciar, extasiado, a transformação que se operou em seu perispírito. Silva estava envolvido por uma luz peculiar, que dava a impressão de encobrir seu corpo espiritual; mal podia divisar a forma humana em meio à luminosidade que irradiava do companheiro. Eu tremia por dentro, tamanha a emoção que me dominava. Aos poucos a luminosidade diminuía, e pude perceber que Silva se transfigurava lentamente na figura de um homem de mais ou menos 60 a 70 anos de idade, barba e cabelos brancos, vestido com traje muito simples. Sua pele era morena escura, e os olhos, azuis, brilhavam como estrelas na noite.

Em seguida, Euzália, ou melhor, Vovó Catarina sorriu e saudou gostosamente:

– Saravá, meu pai! Saravá, preto-velho.

– Salve, minha mãe, minha velha. Estamos prontos para o trabalho.

Silva agora era um pai-velho. O casal de anciãos era perfeito. Eram agora Vovó Catarina e o preto-velho no qual se transformara o amigo Silva, ambos trabalhadores ativos na seara do Mestre.

Foi ele quem, dirigindo-se a mim, deu explicações:

– Não se assuste, caro Ângelo, se eu e Euzália tivemos de assumir nova forma espiritual. Assim se faz necessário, a fim de que nos relacionemos melhor com outros espíritos que visitaremos. Não basta que os guardiões nos protejam de vibrações mais densas, é preciso que nós mesmos possamos assumir aparência comum aos olhos de nossos irmãos, para não insultá-los com nossa altivez. Precisamos todos compreender que, para falar a linguagem de umbandistas e de outros companheiros que têm afinidade com os cultos afros, é necessário que tomemos conformação compatível com a visão de nossos irmãos.

– Creio que Ângelo já está acostumado com nossa maneira de trabalhar – falou Vovó Catarina. – Mas, mesmo assim, meu amigo talvez tenha alguma dúvida, não é, Ângelo?

– Bem, só queria saber se eu também terei que me transformar num preto-velho...

– Claro que não! – respondeu Vovó Catarina.

E, contendo o riso, talvez captando a imagem mental que fiz de mim mesmo, na figura de um ancião-negro-repórter, prosseguia ela:

– Ângelo, você é um espírito que se afina muito bem com o método educacional espírita, e não vejo razão para ser diferente. Nosso campo de trabalho é outro. Envolvemo-nos com companheiros que trazem uma lembrança atávica impressa em seu campo espiritual. Sua cultura, seus costumes e crenças, vividos ao longo de encarnações e encarnações, forçam-nos a falar uma linguagem diferente, para que sejamos compreendidos com clareza. Contudo, a verdade que desejamos transmitir é a mesma, Ângelo. E não ignoramos de modo algum o sentido divino que existe na codificação espírita. Reconhecemos a natureza do espiritismo e a verdade da revelação dada a Allan Kardec. Em essência, ensinamos a mesma coisa, pontificamos a mesma verdade: nosso alvo é que é diferente, nosso público é outro. Por isso julgamos necessário nos apresentar dessa forma e falar nessa linguagem mais simples, popular. A meu ver, ao agir assim praticamos o método que herdamos do grande professor da Galileia: a pescadores, falar sobre pesca e marés; com cobradores de impostos, referir-se a moedas e talentos. Isto é: a cada um, a mesma verdade, adaptada, porém, a seu entendimento, sua cultura e sua maneira de ver a vida.

– Sim, não discordo de nada disso, Euzália; aliás, Vovó Catarina. Estou aqui apenas como jornalista, captando experiências a fim de transmiti-las para a turma lá embaixo – emendei, algo desconcertado diante da verdade colocada em palavras tão cristalinas.

– A umbanda, Ângelo, é uma religião de magia, e tudo nela tem um sentido mágico – disse o preto-velho. – Não que seja uma verdade diferente, não, mas a metodologia utilizada na umbanda é bem distinta daquela utilizada no espiritismo. Mesmo referindo-nos à mesma verdade, utilizamo-nos de vocabulário bastante diverso. Adotamos a aparência de um pai-velho ou de uma mãe-velha porque acreditamos ser mais afeita aos companheiros, aos espíritos aos quais nos dirigimos.

Wallace, que até então permanecera calado, conhecia sobejamente as questões em jogo, pois ele próprio provinha das lides espíritas. Foi quem afirmou, em seguida:

– Muitos espíritas parecem ter medo ou preconceito com relação a espíritos que se manifestam como pretos-velhos ou caboclos. Desconhecem, geralmente, a tarefa nobre que é desempenhada por espíritos muito esclarecidos, que, em muitas ocasiões, preferem assumir a aparência simples de entidades assim, tão presentes na cultura e na história do povo brasileiro.

– E, apesar de ser uma conclusão lógica, outra coisa deve ser dita – continuou Silva. – Não é apenas pelo fato de um espírito se apresentar como pai-velho ou caboclo que ele seja elevado ou esclarecido. O bom-senso[2] não nos deve deixar cometer um engano desses. E justamente nesse ponto muitos umbandistas acabam se equivocando. Sabemos de entidades maldosas que por anos e anos trabalham com médiuns imprevidentes, imprudentes ou ignorantes, dizendo ser Pai Fulano ou Pai Cicrano. Médiuns que, sem o hábito de estudar, tornam-se vítimas de processos obsessivos avançados, pois dão ouvido a qualquer espírito. Allan Kardec, o codificador do espiritismo, trouxe muita luz sobre esse aspecto intricado do exercício da mediunidade. Pessoalmente, acredito que ele não escreveu somente para os espíritas, mas para todo aquele que se propõe entrar em contato com as verdades espirituais e com o intercâmbio mediúnico. Por essa razão, defendo que os umbandistas também se dediquem com mais afinco ao estudo, sem subestimar as explicações, os conselhos e as advertências que Allan Kardec

[2] Embora o *Vocabulário ortográfico da Língua Portuguesa* (ACADEMIA Brasileira de Letras. 5ª ed. São Paulo: Global: 2009. p. 126) registre *bom-senso* com hífen, a nova forma não foi adotada pelos dicionários *Aurélio* e *Houaiss* em suas edições de 2009, que já contemplam as mudanças ocasionadas pelo controvertido Acordo Ortográfico de 1990, ratificado em 2008.

trouxe em *O livro dos médiuns*.[3]

A conversa era interessante e transcorria de forma agradável, apesar do ambiente espiritual em que nos encontrávamos, mas Catarina fez-nos lembrar da necessidade de prosseguirmos a jornada. A equipe dos guardiões permanecia atenta a qualquer coisa que ocorria a nossa volta. Fizemos ligeira prece, rogando o amparo do Alto, e nos dirigimos para outro lugar. O nevoeiro que envolvia a paisagem umbralina diminuíra muito, e conseguíamos avistar uma espécie de vegetação raquítica e rasteira, que parecia sobressair do solo pantanoso da região astral.

Ao longe percebemos intenso brilho, como se fosse uma pedra cintilante. O preto-velho, que me solicitou não revelar o nome que utiliza nos terreiros, esclareceu:

– É o posto de socorro para o qual nos dirigimos. Graças a Deus estamos próximos.

Quase ao mesmo tempo em que o companheiro falava, ouvimos forte gemido, vindo de um local logo à nossa frente. Parecia alguém em intenso sofrimento, que então exclamou:

– Socorram-me, socorram-me! Por que nós? Me ajudem, eu preciso sair deste inferno.

Ao nosso redor multiplicavam-se os pedidos de socorro, e me deixei envolver num profundo sentimento por aqueles infelizes. Desejei auxiliar aqueles espíritos; queria tirá-los dali. Wallace, por sua vez, deteve-me, enérgico:

– Nem pense em fazer tal coisa, Ângelo! Estes espíritos são perigosos e ainda não oferecem condições de serem auxiliados.

– Mas não podemos deixá-los sofrendo assim. É falta de caridade! – declarei, quase chorando.

– Não é falta de caridade preservarmos nosso equilí-

[3] Op. cit.

brio. Recobre seu juízo e deixe-os, por agora. Na realidade, são filhos de Deus, como nós, e merecem nossas orações e todo o incentivo para que melhorem. Mas não é o caso de retirarmos nenhum deles daí, por ora, pois são entidades perversas, que abusaram da vida em muitas oportunidades que Deus lhes concedeu. Tenha certeza: em seu estado atual, não hesitariam em abusar dessa nova chance.

Olhei e vi que, do pântano umbralino, saíam mãos, cabeças e troncos humanos. O pedido de socorro era muito intenso, e os gemidos aumentavam cada vez mais.

Catarina veio em meu socorro naquele instante:

– Não deixe de vigiar suas emoções, meu amigo. Esta lama umbralina que você observa é uma espécie de fluido mais denso, de natureza absorvente. As entidades que sofrem a ação antitóxica desse fluido ou lama astral estão nessa situação porque trazem seus corpos espirituais repletos de nódoas morais. Compactuaram com as trevas em sua última encarnação. De tal modo aviltaram a divina lei e dilapidaram o patrimônio do corpo fluídico que atraíram para si verdadeiras comunidades de larvas e vibriões mentais. O perispírito de tais infelizes encontra-se profundamente afetado por fluidos mórbidos; trazem estampada em si a marca de seus desvios clamorosos.

– A lama astral – falou o pai-velho – serve para absorver o fluido denso acumulado em seus corpos espirituais. De modo algum poderão reencarnar antes que uma cota dessa carga tóxica seja absorvida, pois causaria colapso na organização materna. Também não detêm condição de sair daí e conviver em outro ambiente mais, digamos, espiritualizado. Como bem asseverou Wallace, voltariam ao mesmo desequilíbrio de antes e perverteriam a ordem e a disciplina reinantes nos ambientes superiores. Eles já estão sendo amparados, na medida exata dos recursos que oferecem em favor de si mesmos. A própria lama astralina, absorvente, é a forma de auxílio de que necessitam por ora.

– Mas não é muito doloroso o processo?

– Certamente, meu amigo – respondeu Silva. – No entanto, para cada enfermidade é preciso medicamento apropriado. Para alguns casos, um simples elixir resolve a situação, para outros, deve-se utilizar o remédio amargo, a seringa ou a cirurgia.

Entendi o recado do pai-velho, que conhecera na roupagem do companheiro Silva. Na verdade nada poderíamos fazer por aqueles espíritos infelizes, além de orar. Os pedidos de ajuda foram substituídos por palavrões e manifestações de ódio e ira, tão logo retomamos nosso percurso.

A paisagem astralina suavizava-se aos poucos, à medida que nos aproximávamos do posto de socorro, embora não perdesse por completo a condição de aridez e abandono. Nuvens sombrias ainda eram vistas, cujas emanações pareciam envolver o ambiente numa eterna penumbra. De quando em vez, raios e relâmpagos eram descarregados na atmosfera do ambiente umbralino. Tempestades de fluidos, que me pareciam tóxicos, desciam da atmosfera astral. Observei tudo aquilo, sem, contudo, encontrar uma explicação para o que ocorria ao meu redor.

Foi Catarina, a Vovó Catarina, quem me concedeu as devidas explicações:

– Não se assuste com a tempestade e as descargas energéticas, Ângelo. São necessárias para que o ambiente não se torne de todo insalubre. Como essa é uma região de transição, encontra-se profundamente ligada ao mundo dos homens; como tal, é mais afetada pelos pensamentos desgovernados e pelas emoções descontroladas dos companheiros encarnados em geral. Imagine que, diariamente, mais de 6 bilhões de encarnados despejam na atmosfera psíquica o produto de seus desequilíbrios, suas emoções e criações mentais inferiores. Tudo isso plasma, no plano astral, uma espécie de manto nebuloso, que compõe essa paisagem desoladora. É uma espécie de egrégora negativa, uma aura densa que requer medidas especiais de saneamento.

E, após ligeira pausa para que eu pudesse assimilar melhor as informações, concluiu:

– Eis a razão para a descarga magnética de grande intensidade que você presencia. Não fossem tais medidas de saneamento da aura psíquica do planeta, a própria vida na Terra seria impossível. Os encarnados não conseguiriam absorver o próprio ar, pois a atmosfera estaria tão infestada com formas mentais inferiores, larvas e vibriões psíquicos que logo o organismo físico entraria em colapso. O que você pensa? É preciso trabalho constante para que a Terra não morra, devido à imprevidência de seus próprios moradores.

Calei-me ante a explicação de Catarina.

Pensei em mim mesmo, quando encarnado; em como me conduzia no dia a dia. Envergonhei-me de meus próprios pensamentos e senti a necessidade imperiosa de modificar minha conduta e a forma de ver o mundo. Era urgente a renovação de pensamentos, a elevação moral e a assimilação de recursos superiores.

Continuamos nossa jornada naquela paisagem bucólica do mundo oculto.

O que eu presenciava agora, mais de perto, era de uma terrível beleza. As tempestades e os raios magnéticos provocavam efeitos luminosos indescritíveis. Enquanto isso, gemidos e outros sons estranhos, vindos de toda parte, despertavam em meu espírito um sentimento de profundo respeito à vida.

6

OÁSIS DA PAZ

– Já sentes o desejo de melhorar?
– "Ainda não".
– (...) Dissestes à minha mulher que ela te torturava, enquanto te invocava. Crês que procuremos torturar-te?
– "Não; bem vejo que não. Mas não é menos verdade que sofro mais que nunca e vós sois a causa disto". (...)
Interrogado quanto à causa de tal sofrimento, um Espírito superior respondeu: – "Vem do combate a que ele se entrega; mau grado seu, sente algo que o arrasta para um caminho melhor, mas resiste. É essa luta que o faz sofrer".
– Quem vencerá nele, o bem ou o mal?
– "O bem; mas a luta será longa e difícil. É preciso ter muita perseverança e dedicação".

UM ASSINANTE DA *REVISTA*,
A educação de um espírito[1]

[1] In: KARDEC. *Revista espírita*. Trad. de Evandro N. Bezerra. Rio de Janeiro: FEB, 2004. v. III, dez. 1860, p. 551, itens 13-14. O trecho entre aspas é uma psicografia.

APROXIMAMO-NOS de uma soberba construção. Erguiam-se diante de nós extensas muralhas, que se assemelhavam às construções de antigos castelos medievais. Dentro daquelas paredes imponentes, avistavam-se torres muito altas e prédios inteiros que desafiavam o ambiente sombrio, abrindo luz ao redor – era como se eles próprios fossem estruturados em luz astral. De fato, o material com que eram construídos parecia uma espécie de luz coagulada ou congelada, se assim posso me expressar. Toda a construção fluídica dava a impressão de irradiar uma suave luminosidade em seu derredor. Próximo às muralhas já podíamos avistar alguma vegetação rasteira, semelhante a pequenas heras e trepadeiras, que formavam caramanchões coloridos ao redor da fortaleza.

Ensaiei alguma surpresa ao ver a soberba edificação do lado de cá da vida. O preto-velho acudiu-me, esclarecendo prontamente:

– Aqui, nesta região de vibrações mais densas, temos refúgios de paz. Funcionam como verdadeiros hospitais-escola. Ao mesmo tempo em que são utilizados para refúgio e auxílio a almas doentes, necessitadas de socorro imediato, existem postos de socorro que atuam igualmente como campo abençoado de trabalho para aqueles espíritos que já despertaram para a espiritualidade.

A aparência da construção fluídica impressionava-me. Perguntei-me por que tanta imponência na construção espiritual, se a finalidade era abrigar e socorrer almas em sofrimento. Dessa vez foi Wallace que, tocando-me de leve, asseverou:

– Cada caso é um caso, Ângelo. Você não ignora que se encontram aqui irmãos nossos distanciados do bem imortal. Estas regiões do mundo espiritual são habitadas por companheiros nossos que estão em intenso desequilíbrio. Precisamos impor respeito a essas almas dementadas e, frequentemente, maldosas. Para isso, a aparência de fortaleza espiritual cumpre seu objetivo, além de proporcionar uma imagem de segurança para os que se sentem amedrontados. Mas não é só isso. Vez ou outra este abençoado oásis de socorro e paz é atacado por espíritos vândalos, que tentam a todo custo impedir que a tarefa seja levada a efeito. As muralhas que você observa, semelhantes às edificações terrestres da era medieval, atuam como escudo energético: além de proteger e resguardar o posto de socorro, isolam o ambiente interior das irradiações mentais negativas dos companheiros mais desajustados, na região externa.

À medida que Wallace me esclarecia sobre determinadas particularidades daquele local, aproximávamo-nos da entrada do posto de socorro. Grandes portões se abriram, e pudemos observar com antecedência a intensa movimentação em seu interior. Catarina e o preto-velho amigo tomavam a frente, sempre escudados pelos guardiões, que nos envolviam por todos os lados. Wallace e eu vínhamos logo atrás.

Por dentro das muralhas pude observar com mais detalhes os grandes edifícios que se erguiam, cheios de vida e com intensa atividade.

Fomos recebidos com grande alegria por prestimoso espírito que ali servia.

– Salve, meus amigos. Sejam muito bem-vindos ao nosso Oásis da Paz.

– Ora, ora! Vejam se não é o digníssimo Clemêncio – saudou nosso preto-velho.

– Que bom revê-los, meus amigos! – comentou o espírito que nos recebia. – Porfíria está à espera de vocês.

A recepção calorosa deixou-me mais descontraído. Enquanto éramos conduzidos a uma das construções, procurava tomar nota do que via por toda parte, registrando minhas impressões.

Adentramos algo semelhante a um pavilhão, onde pude ver mais de mil leitos, como uma enfermaria. Diversos espíritos, que aparentavam graves enfermidades, estavam estendidos sobre as camas e eram assistidos por outros companheiros, que lhes ministravam medicamentos.

Aproximamo-nos do espírito de uma senhora, que se manifestava à minha visão espiritual com se fosse uma escrava da época do Brasil colonial. A simplicidade com que se manifestava era tal que imediatamente pude notar que se destacava naquela comunidade de espíritos. Era Porfíria, que Clemêncio mencionara:

– Bem-vindos, meus irmãos. Fico feliz em revê-los – disse ela, referindo-se aos dois integrantes mais experientes de nossa caravana.

– Felizes ficamos nós, Porfíria – falou Catarina, alegremente. – Sinto interrompê-la em seu trabalho, mas não desejamos atrapalhar.

– Não se constranja, Catarina – redarguiu o espírito,

de maneira bondosa. – Vejo que desta vez trouxeram outros companheiros com vocês.

– Sim – anuiu Vovó Catarina. – Estes são Ângelo e Wallace. Estão conosco para observações, e Ângelo é aquele companheiro do qual lhe falei anteriormente. Ele foi jornalista; traz em si os conhecimentos a respeito da função que exercia. Creio que ele poderá nos auxiliar bastante.

– Claro, claro. Seja bem-vindo, Ângelo, assim como você, Wallace. Espero que possamos todos tirar o máximo proveito da tarefa.

Viramo-nos na direção do experiente preto-velho, à espera de orientações. Nesse instante, Porfíria admirou-se muito, pois reconheceu a identidade do preto-velho que nos acompanhava; porém, antes que pudéssemos dizer palavra, foi chamada pelo sistema de comunicação local a atender um espírito que exigia socorro imediato.

Enquanto isso, eu observava o que ocorria ao redor. Espíritos dementados, desequilibrados e que apresentavam visível sofrimento estavam deitados por todo lado. O ambiente parecia-se muito com um hospital da Terra. Era como uma enfermaria de proporções gigantescas.

Foi o pai-velho amigo quem adiantou-se:

– Aqui se encontram alojados muitos espíritos que se especializaram na magia negra. Resgatados das regiões infelizes, foram para cá transferidos a fim de receber tratamento emergencial. Estagiaram por tanto tempo nas vibrações grosseiras e perniciosas que suas mentes afetaram-se seriamente, comprometendo seu presente estágio evolutivo.

– Você falou magia negra? – perguntei ao preto-velho.

– Exato, Ângelo. Ou você ignora que todos utilizamos dos recursos da natureza, colocados à nossa disposição pela divina sabedoria, de acordo com a ética que nos é peculiar? À manipulação desses recursos mentais, fluídicos, verbais ou energéticos é que denominamos magia. E, quando alguém se utiliza de maneira desequilibrada ou maldosa do depositário de forças sublimes, dizemos então que se concretiza a magia negra. São companheiros que se especializaram no mal, pelo mal.

– Eu pensei que, ao utilizar a expressão magia negra, você se referia a outra coisa mais perigosa.

– E o que há de mais perigoso que transformar o sagrado objetivo da vida, tentando prejudicar o próximo?

Desta vez foi Vovó Catarina, a companheira Euzália, quem indagou. Ela prosseguiu:

– Temos magos de toda espécie. Antigamente, como ainda hoje, em diversos lugares da Terra, alguns irmãos nossos se consorciavam com entidades perversas e se utilizavam de objetos, verdadeiros condensadores de energia, de baixa vibração, com o intuito de prejudicar as pessoas. Mais tarde, surgiram os magos negros, utilizando outros tipos de condensadores magnéticos, também vibrando a prejuízo do próximo. Aqui e acolá, surgem, de época em época, aqueles irmãos nossos que se colocam em sintonia com as trevas e, desse modo, tornam-se instrumentos de inteligências vulgares para irradiar o mal em torno de si. São os chamados magos negros, encarnados e desencarnados, grandes médiuns das sombras. Com relação aos irmãos que você vê aqui, é que já esgotaram o fluido mórbido que traziam no perispírito, ainda que não totalmente, mas o suficiente para serem atendidos neste posto de socorro. Nem todos, infelizmente, se encontram em condições de serem auxiliados tanto quanto necessitam.

Fiquei boquiaberto com o que Vovó Catarina me explicava. Não imaginava existirem tais coisas do lado de cá da vida. Vida que, aliás, surpreende incessantemente.

Porfíria, retornando da emergência atendida, convidou-nos a observar alguns casos mais de perto.

Aproximei-me de um espírito que se contorcia todo, em cima da cama, sem oferecer maiores recursos para ser auxiliado. De sua boca escorria um líquido ou gosma esverdeada, e ele demonstrava ser vítima de intenso pesadelo.

– Observe mais intensamente nosso irmão – pediu Porfíria.

Intensifiquei minha concentração sobre o companheiro infeliz e, aos poucos, pude penetrar em seu campo mental. A entidade estava demente. Parecia enlouquecida.

Desfilavam em sua memória espiritual cenas aterradoras, como se acometido de profunda tortura mental, provocada por um sentimento de culpa sem limites.

Vi uma cabana, onde se reuniam diversos indivíduos em trajes estranhos para mim, bastante coloridos. O batuque dos tambores parecia encher o ar, junto com cânticos típicos e intenso cheiro de ervas. Liguei-me ainda mais à tela mental do infeliz companheiro. Observei que, na cena gravada em sua intimidade, destacava-se um homem de aspecto estranho, entre soturno e macabro, vestido com roupas de maior destaque que as outras, com referências claramente ritualísticas. Cobria-se de panos nas cores azul e verde, e na cabeça trazia um adereço que não posso descrever, devido à falta de elementos para comparação.

No ritual um tanto assustador que eu presenciava, vi que o homem sacrificava um animal qualquer, que não pude distinguir direito. Ao som das músicas e ao toque dos tambores, todos dançavam ao seu redor. O homem parecia hipnotizado naquela situação.

Senti que alguém tocou-me de leve e, então, desliguei-me daquela cena mental, sem compreender inteiramente o que se passava.

Catarina, então, explicou-me:

– Este companheiro está preso ao passado culposo e não consegue liberar-se do remorso pelos males que causou. Nosso irmão era pai de santo em um terreiro que se localizava no interior de Pernambuco. Foi-lhe permitida a condução de uma comunidade, que ele deveria levar ao esclarecimento espiritual. Médium de extensas possibilidades e faculdades notáveis, desviou-se desde cedo do propósito traçado pelo Alto e ligou-se propositalmente a entidades sombrias. Estabelecendo-se definitivamente o processo de intercâmbio doentio, espíritos vampirizadores uniram-se à aura do infeliz, e ele, para satisfazer a sede de sangue das entidades do mal, entregou-se à prática de certa espécie de magia com intensa manifestação de primitivismo. Sacrificava animais; bebia o sangue de suas vítimas inocentes. Dominou a comunidade que deveria orientar, baseado no terror.

"Ao desencarnar, vítima de câncer no fígado e cego, nosso irmão caiu nas mãos perversas de seus antigos comparsas. Os espíritos vândalos exigiram a satisfação de seus apetites desmedidos. Demandavam o sacrifício de novos animais. Entretanto, o companheiro não mais podia satisfazer-lhes a sede de fluidos grosseiros. Não obstante seus apelos, foi escravizado pelos tais espíritos durante cerca de 30 anos, até que se lhe esgotaram por completo as forças da alma. Feito um trapo humano, vagou pelos recantos obscuros do vale sombrio, até que, em determinado momento, encontrou calor humano na aura de uma jovem imprevidente, que intentava evocar as forças do mal para satisfazer seus caprichos e conquistar um coração masculino.

"A pobre moça perdeu-se em meio às vibrações densas de nosso irmão, que, agora, transformado em vampiro, sugava-lhe a energia física. Graças a Deus nossa menina era tutelada de um espírito mais esclarecido, que logo a induziu a procurar um centro espírita respeitável da capital fluminense. Desde então, o infeliz companheiro foi transferido para cá, não antes de ter prejudicado seriamente o sistema nervoso da moça, que no presente momento se encontra em tratamento espiritual.

– Mas ele não pode ser desligado de seu passado através de passes magnéticos? – perguntei.

– Não, ainda – respondeu-me Wallace. – Nosso irmão ainda não se esgotou por completo. Permanece prisioneiro de suas recordações e, ainda hoje, recebe as investidas mentais de companheiros que participavam de sua comunidade religiosa. Fez várias vítimas, com o agravante de haver formado outros companheiros, que infelizmente lhe seguiram o exemplo. Necessita de tempo e muita oração para libertar-se do pesadelo em que se encontra. Contudo, logo seguiremos o caso do nosso amigo em uma reunião espírita apropriada, e você poderá ver por si só, Ângelo, como os recursos avançados da terapêutica espiritual auxiliam em casos assim.

Fiquei profundamente abalado com a história que presenciara. Recolhi-me em prece para buscar a compreensão e a serenidade necessárias ao estudo daquele caso.

7

Médium em desequilíbrio

*– Sabendo que os Espíritos exercem ação sobre a matéria
e que são os agentes da vontade de Deus, perguntamos se alguns
dentre eles não exercerão certa influência sobre os elementos
para os agitar, acalmar ou dirigir?
– "Mas, evidentemente. Nem poderia ser de outro modo.
Deus não exerce ação direta sobre a matéria.
Ele encontra agentes dedicados em todos os graus
da escala dos mundos".
– Formam categoria especial no mundo espírita os Espíritos
que presidem aos fenômenos da Natureza?
Serão seres à parte, ou Espíritos que foram encarnados como nós?
– "Que foram ou que o serão".*

Allan Kardec e espírito Verdade,
Ação dos espíritos nos fenômenos da natureza[1]

[1] In: KARDEC. *O livro dos espíritos*. Op. cit. p. 338-339, itens 536b, 538. O trecho entre aspas é uma psicografia.

WALLACE E EU nos separamos do grupo a fim de observar o caso de um espírito que, aos nossos olhos, parecia sofrer de alguma doença mental. Manifestava intenso desequilíbrio e debatia-se, vítima de espasmos frequentes. Era um espírito feminino, que se movimentava sobre o leito de maneira muito estranha: dava pontapés constantes, em algo que não podíamos ver. Parecia um ataque de epilepsia. O que se passava naquela mente atormentada?

Wallace foi quem primeiro se aproximou da mulher, então mais calma, ao que tudo indicava, dada a influência da aura do companheiro espiritual. Aproximei-me também e tentei aguçar meus sentidos, a fim de captar o que sucedia no interior da pobre mulher. Aos poucos formaram-se em torno do infeliz espírito cenas interessantes e, ao mesmo tempo, horripilantes.

Era como se eu mergulhasse na aura daquele espírito e, uma vez imerso em suas vibrações, pudesse vivenciar suas experiências, que, de tão dramáticas, produziam nele os acessos que verificávamos. Em torno da aura psíquica daquela mulher formavam-se naquele instante algumas manchas negras e verde-azuladas. Pouco a pouco, as manchas se transformavam em cenas vivas de seu passado espiritual – tudo se passava diante de nossa visão nos seus mínimos detalhes.

Aquele espírito fora médium e vivera na Terra de maneira indigna, se consideradas as responsabilidades assumidas no plano espiritual. Em estranho ritual de magia negra, a infeliz mulher procedia ao sacrifício de animais, a fim de satisfazer a sede de sangue de seus comparsas espirituais. Vi que, mergulhada na inconsequência de seus atos, comprometeu-se largamente com o grupo de espíritos que a utilizavam como médium.

As cenas se passavam diante da minha visão espiritual com tamanha clareza que houve momentos em que pensei estar pessoalmente envolvido em cada experiência ali observada. É que eu havia penetrado no campo mental daquele espírito, dementado pela prática do mal.

Novas cenas se sucederam àquelas. Pude examinar o momento em que o desencarne chegara para a médium irresponsável. No mundo astral, era utilizada pelos espíritos sombrios para outras finalidades abomináveis. Com um pouco mais de concentração, pude ver a paisagem espiritual que estava estampada nas telas mentais desse espírito doente.

Estava agora em um grande laboratório, estruturado em matéria sutil do mundo astral. Dentro dele, avistei o espírito da mulher, prisioneiro das entidades perversas que trabalhavam naquele ambiente. Pareciam cientistas descompromissados com qualquer ética ou padrão nobre de conduta. No momento em que cheguei a essas cenas interessantes, que despertavam em mim a curiosidade natural de escritor, fui despertado do transe pelo companheiro Wallace:

– Não vá além, meu amigo – recomendou ele. – É preciso cautela até mesmo nas observações com vistas ao nosso estudo. Aquilo que você vê nas telas mentais desta nossa irmã é o resultado de sua permanência nas zonas perigosas do remorso e da culpa. A mente, que forjou ações a tal ponto desrespeitosas às leis divinas, entra num circuito fechado de ondas mentais perniciosas. Esse panorama de desequilíbrio íntimo é tão intenso que o ser atrai para si outras mentes igualmente desequilibradas, que, por sua vez, guardam com ela estreitos laços de cumplicidade no mal.

– Então, quer dizer...

– Quer dizer, Ângelo, que, quando o ser encarnado ou desencarnado faz uso indiscriminado dos recursos da natureza através da prática do mal, a própria natureza se incumbe de fazer o reajuste. Esta irmã que observamos, por exemplo, fez uso de certos elementais, viciando-os em seus pedidos através das oferendas que a eles entregava. Tais seres, sem deter ainda conhecimento das noções de bem ou de mal, submeteram-se ao intenso magnetismo da médium imprevidente, servindo aos seus propósitos inconfessáveis.

– Explique-me com calma isso aí, Wallace. Quando você fala elementais, refere-se a seres ou espíritos da natureza?

– Sim, Ângelo, ou você desconhece que a natureza está cheia de vida, em várias dimensões e estágios evolutivos?

– Claro que não! Mas não é isso que quis dizer com minha pergunta.

– Eu sei, eu sei. Sabe o que faremos? Há um espírito amigo, que por acaso se encontra neste pronto-socorro hoje, que lhe poderá explicar melhor tanto a respeito dos seres elementais quanto acerca das implicações relativas ao caso da companheira que observamos.

Apontando em outra direção, Wallace introduziu-me:

– Veja quem está aqui.

Para minha surpresa, aproximava-se de nós o espírito João Cobú, que também se apresentava na forma de pai-velho.

– Salve, meus filhos. Louvado seja Deus.

– Salve, Pai João! – respondeu Wallace com entusiasmo.

Fiquei muito contente com a presença do preto-velho, já meu conhecido de diversas atividades espirituais. Foi Wallace quem externou minhas dúvidas:

– Ângelo parece estar curioso a respeito do caso desta nossa irmã – falou, indicando o espírito. – Ele gostaria de saber maiores detalhes a respeito dos elementais e do envolvimento desse espírito com tais forças da natureza.

Sem rodeios, o espírito João Cobú, ou Pai João de Aruanda, como se fazia conhecer, foi direto ao ponto:

– A existência dos elementais, meus filhos, segundo os antigos anciãos e sábios do passado, explicava a dinâmica do universo. Como seres reais, eram responsabilizados pelas mudanças climáticas e correntes marítimas, pela precipitação da chuva ou pelo fato de haver fogo, entre muitos outros fenômenos da natureza. Apesar de ser uma explicação mitológica, própria da maneira como se estruturava o conhecimento na época, eles não estavam enganados. Tanto assim que, apesar de a investigação científica não haver diagnosticado a existência concreta desses seres através de seus métodos, as explicações dadas a tais fenômenos não excluem a ação dos elementais. Pelo contrário.

Minha curiosidade foi aguçada ainda mais. Pai João prosseguiu, demonstrando conhecimento sobre a questão:

– Os sábios da Antiguidade acreditavam que o mundo era formado por quatro elementos básicos: terra, água, ar e fogo. Não obstante, com o transcorrer do tempo, a ciência viesse a contribuir com maiores informações a respeito da constituição da matéria, não tornou o conhecimento antigo obsoleto. A medicina milenar da China, por exemplo, que já começa a ser endossada pelas pesquisas científicas atuais, igualmente identifica os quatro elementos. Sob o ponto de vista da magia, os quatro elementos ainda permanecem, sem entrar em conflito com as explicações científicas modernas. Os magistas e ocultistas estabeleceram uma classificação dos elementais sob o ponto de vista desses elementos, considerando-os como forças da natureza ou tipos de energia.

– Então os elementais não possuem consciência de si mesmos? São apenas energia, é isso que entendi?

– Não, meu filho. Os seres elementais, irmãos nossos na criação divina, têm uma espécie de consciência instintiva. Podemos dizer que sua consciência está em elaboração. Apesar disso, eles se agrupam em famílias, assim como os elementos de uma tabela periódica.

– Não entendi...

– Preste atenção, meu filho – continuou o preto-velho. – Os elementais são entidades espirituais relacionadas com os elementos da natureza. Lá, em meio aos elementos, desempenham tarefas muito importantes. Na verdade, não seria exagero dizer inclusive que são essenciais à totalidade da vida no mundo. Através dos elementais e de sua ação direta nos elementos é que chegam às mãos do homem as ervas, flores e frutos, bem como o oxigênio, a água e tudo o mais que a ciência denomina como sendo forças ou produtos naturais. Na natureza, esses seres se agrupam, segundo suas afinidades.

– Seriam então esses agrupamentos aquilo que você chama de família?

– Isso mesmo! Louvado seja Deus – comemorou Pai João. – Essas famílias elementais, como as denominamos, estão profundamente ligadas a este ou àquele elemento: fogo, terra, água e ar, conforme a especialidade, a natureza e a procedência de cada uma delas.

– Os elementais já estiveram encarnados na Terra ou em outros mundos?

– Encarnações humanas, ainda não. Eles procedem de uma larga experiência evolutiva nos chamados reinos inferiores e, como princípios inteligentes, estão a caminho de uma humanização no futuro, que somente Deus conhece. Hoje, eles desempenham um papel muito importante junto à natureza como um todo, inclusive auxiliando os encarnados nas reuniões mediúnicas e os desencarnados sob cuja ordem servem.

– Como podem auxiliar em reuniões mediúnicas?

– Vamos por parte, meu filho, bem devagar. É bom compreender com profundidade a questão dos elementais para assim entender o comportamento da nossa irmã infeliz – disse Pai João, apontando para o espírito que antes observávamos. – Como expliquei, podem-se classificar as famílias dos elementais de acordo com os respectivos elementos. Junto ao ar, por exemplo, temos a atuação dos silfos ou das sílfides, que se apresentam em estatura pequena, dotados de intensa percepção psíquica. Eles diferem de outros espíritos da natureza por não se apresentarem sempre com a mesma forma, definida, permanente. São constituídos de uma substância etérea, absorvida dos elementos da atmosfera terrestre. Muitas vezes apresentam-se como se fossem feitos de luz e lembram pirilampos ou raios. Também conseguem se manifestar, em conjunto, com um aspecto que remete aos efeitos da aurora polar ou do arco-íris.

– Disso se depreende, então, que os silfos são os mais evoluídos entre todas as famílias de elementais?

– Eu diria apenas, meu filho, que os silfos são, entre todos os elementais, os que mais se assemelham às concepções que os homens geralmente fazem a respeito de anjos ou fadas. Correspondem às forças criadoras do ar, que são uma fonte de energia vital poderosa.

– Então eles vivem unicamente na atmosfera?

– Nem todos – respondeu Pai João. – Muitos elementais da família dos silfos possuem uma inteligência avançada e, devido ao grau de sua consciência, oferecem sua contribuição para criar as correntes atmosféricas, tão preciosas para a vida na Terra. Especializaram-se na purificação do ar terrestre e coordenam agrupamentos inteiros de outros elementais. Quanto à sua contribuição nos trabalhos práticos da mediunidade, pode-se ressaltar que os silfos auxiliam na criação e manutenção de formas-pensamento, bem como na estruturação de imagens mentais. Nos trabalhos de ectoplasmia, são auxiliares diretos, quando há a necessidade de reeducação de espíritos endurecidos.

– E os outros elementais? – perguntei num misto de euforia e curiosidade.

– Vamos com calma, meu filho, vamos com calma – respondeu Pai João. – Duas classes de elementais que merecem atenção são as ondinas e as ninfas, ambas relacionadas ao elemento água. Geralmente são entidades que desenvolvem um sentimento de amor muito intenso. Vivem no mar, nos lagos e lagoas, nos rios e cachoeiras e, na umbanda, são associadas ao orixá Oxum. As ondinas estão ligadas mais especificamente aos riachos, às fontes e nascentes, bem como ao orvalho, que se manifesta próximo a esses locais. Não podemos deixar de mencionar também sua relação com a chuva, pois trabalham de maneira mais intensa com a água doce. As ninfas, elementais que se parecem com as ondinas, apresentam-se com a forma espiritual envolvida numa aura azul e irradiam intensa luminosidade.

– Sendo assim, qual é a diferença entre as ondinas e as ninfas, já que ambas são elementais das águas?

– A diferença básica entre elas é suavidade e a doçura das ninfas, que voam sobre as águas, deslizando harmoniosamente, como se estivessem desempenhando uma coreografia aquática. Para completar, temos ainda as sereias, personagens mitológicos que ilustraram por séculos as histórias dos marinheiros. Na realidade, sereias e tritões são elementais ligados diretamente às profundezas das águas salgadas. Possuem conotação feminina e masculina, respectivamente. Nas atividades mediúnicas, são utilizados para a limpeza de ambientes, da aura das pessoas e de regiões astrais poluídas por espíritos do mal.

– Eu pensei...

– Eu sei, meu filho – interrompeu-me João Cobú. – Você pensou que tudo isso não passasse de lenda. Mas devo lhe afirmar, Ângelo, que, em sua grande maioria, as lendas e histórias consideradas como folclore apenas encobertam uma realidade do mundo astral, com maior ou menor grau de fidelidade. É que os homens ainda não estão preparados para conhecer ou confrontar determinadas questões.

– E as fadas? Quando encarnado, vi uma reportagem a respeito de fotografias tiradas na Escócia, que mostravam várias fadas. O que me diz a respeito?

– Bem, podemos dizer que as fadas sejam seres de transição entre os elementos terra e ar. Note que, embora tenham como função cuidar das flores e dos frutos, ligados à terra, elas se apresentam com asas. Pequenas e ágeis, irradiam luz branca e, em virtude de sua extrema delicadeza, realizam tarefas minuciosas junto à natureza. Seu trabalho também compreende a interferência direta na cor e nos matizes de tudo quanto existe no planeta Terra. Como tarefa espiritual, adoram auxiliar na limpeza de ambientes de instituições religiosas, templos e casas espíritas. Especializaram-se em emitir determinada substância capaz de manter por tempo indeterminado as formas mentais de ordem superior. Do mesmo modo, auxiliam os espíritos superiores na elaboração de ambientes extrafísicos com aparências belas e paradisíacas. E, ainda, quando espíritos perversos são resgatados de seus antros e bases sombrias, são as fadas, sob a supervisão de seres mais elevados, que auxiliam na reconstrução desses ambientes. Transmutam a matéria astral impregnada de fluidos tóxicos e daninhos em castelos de luz e esplendor.

– Uau! – exclamei. – Nunca poderia imaginar coisas assim...

– Mas não acabou ainda, meu filho – tornou Pai João. – Temos ainda as salamandras, que são elementais associados ao fogo. Vivem ligados àquilo que os ocultistas denominaram éter e que os espíritas conhecem como fluido cósmico universal. Sem a ação das salamandras o fogo material definitivamente não existiria. Como o fogo foi, entre os quatro elementos, o primeiro manipulado livremente pelo homem, e é parte de sua história desde o início da escalada evolutiva, as salamandras acompanham o progresso humano há eras. Devido a essa relação mais íntima e antiga com o reino hominal, esses elementais adquiriram o poder de desencadear ou transformar emoções, isto é, podem absorvê-las ou inspirá-las. São hábeis ao desenvolver emoções muito semelhantes às humanas e, em virtude de sua ligação estreita com o elemento fogo, possuem a capacidade de bloquear vibrações negativas, possibilitando que o homem usufrua de um clima psíquico mais tranquilo.

Eu estava atônito. E o pai-velho prosseguia:

– Nas tarefas mediúnicas e em contato com o comando mental de médiuns experientes, as salamandras são potentes transmutadores e condensadores de energia. Auxiliam sobremaneira na queima de objetos e criações mentais originadas ou associadas à magia negra. Os espíritos superiores as utilizam tanto para a limpeza quanto para a destruição de bases e laboratórios das trevas. Habitados por inteligências do mal, são locais-chave em processos obsessivos complexos, onde, entre diversas coisas, são forjados aparelhos parasitas e outros artefatos. Objetos que, do mesmo modo, são destruídos graças à atuação das salamandras.

– E os duendes e gnomos? Também existem ou são obras da imaginação popular?

– Sem dúvida que existem! Os duendes e gnomos são elementais ligados às florestas e, muitos deles, a lugares desertos. Possuem forma anã, que lembra o aspecto humano. Gostam de transitar pelas matas e bosques, dando sinais de sua presença através de cobras e aves, como o melro, a graúna e também o chamado pai do mato. Excelentes colaboradores nas reuniões de tratamento espiritual, são eles que trazem os elementos extraídos das plantas, o chamado bioplasma. Auxiliam assim os espíritos superiores com elementos curativos, de fundamental importância em reuniões de ectoplasmia e de fluidificação das águas.

Tinha a sensação de que um novo mundo se revelava a meu conhecimento, tamanha a amplitude da ação desses espíritos da natureza. E Pai João continuava:

– Temos ainda os elementais que se relacionam à terra, os quais chamamos de avissais. Geralmente estão associados a rochas, cavernas subterrâneas e, vez ou outra, vêm à superfície. Atuam como transformadores, convertendo elementos materiais em energia. Também são preciosos coadjuvantes no trabalho dos bons espíritos, notadamente quando há a necessidade de criar roupas e indumentárias para espíritos materializados. Como estão ligados à terra, trazem uma cota de energia primária essencial para a reconstituição da aparência perispiritual de entidades materializadas, inclusive quando perderam a forma humana ou se sentem com os membros e órgãos dilacerados.

– Nem podia imaginar que esses seres tivessem uma ação tão ampla e intensa.

– Pois bem, meu filho – tornou João Cobú, pacientemente. – Repare, portanto, as implicações complexas da ação desta infeliz criatura, que se comprometeu amplamente com o mal.

Apontando para o espírito no leito a nossa frente, que agora gemia, vítima de si mesmo, o velho Pai João relatou:

– Como médium, foi-lhe concedida a oportunidade de aprender certas lições de magia, no ambiente dos cultos afro-brasileiros. Utilizou mal o conhecimento que adquiriu e deliberadamente viciou muitos elementais com o sacrifício e o sangue de animais. Lançando mão de seu intenso magnetismo pessoal, manipulou o poder das salamandras e de outros elementais para atormentar muitas vidas, em troca de dinheiro, *status* e reconhecimento social.

– Ela brincou com as forças da natureza.

– Mais do que isso. Ela desviou os seres elementais do curso normal de sua evolução, comprometendo esses nossos irmãos com seus atos abomináveis.

– Mas os elementais dominados por ela não poderiam se rebelar ao seu comando?

– Os elementais são seres que ainda não passaram pela fase de humanidade. Oriundos dos reinos inferiores da natureza e mais especificamente do reino animal, ainda não ingressaram na espécie humana. Por essa razão trazem um conteúdo instintivo e primário muito intenso. Para eles, o homem é um deus. É habitual, e até natural, que obedeçam ao ser humano e, nesse processo, ligam-se a ele intensamente. Portanto, meu filho, todo médium é responsável não só pelas comunicações dadas por seu intermédio, mas também pelo bom ou mau uso que faz dessas potências e seres da natureza.

Pronunciando essas palavras, Pai João despediu-se e retomou suas atividades, deixando a mim e Wallace impressionados com a profundidade de suas observações.

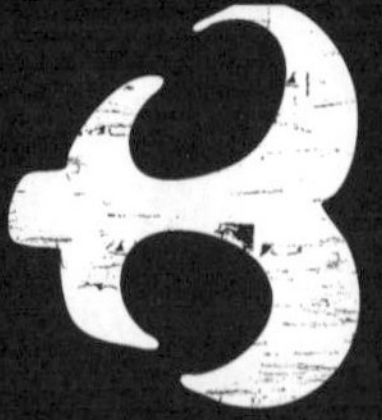

8

Magia negra

– Que se deve pensar da crença no poder,
que certas pessoas teriam, de enfeitiçar?
– "Algumas pessoas dispõem de grande força magnética,
de que podem fazer mau uso, se maus forem seus próprios Espíritos,
caso em que possível se torna serem secundados por outros Espíritos
maus. Não creias, porém, num pretenso poder mágico,
que só existe na imaginação de criaturas supersticiosas, ignorantes
das verdadeiras leis da Natureza.
Os fatos que citam, como prova da existência desse poder, são fatos
naturais, mal observados e sobretudo mal compreendidos".

ALLAN KARDEC E ESPÍRITO VERDADE,
Poder oculto, talismãs e feiticeiros[1]

[1] In: KARDEC. *O livro dos espíritos*. Op. cit. p. 344, item 552.
O trecho entre aspas é uma psicografia.

DEPOIS DE PRESENCIAR, no Oásis da Paz, alguns casos envolvendo médiuns desencarnados, foi a vez de continuarmos a excursão rumo à Crosta. Fiquei muito comovido e impressionado com os ensinamentos de Pai João de Aruanda a respeito dos seres da natureza. Confesso que, a partir de então, passei a enxergar o mundo, a natureza e a vida com mais profundidade. Envoltos no manto de carne, quando na Terra, costumamos achar que tudo aquilo que desafia nossos conhecimentos é lenda. É mais ou menos como se nos pautássemos pela seguinte lógica: "Se não conheço ou não me é acessível neste instante, é porque não existe". E isso ocorre inclusive com aqueles que já despertaram para as realidades do espírito. Não desconfiamos que as chamadas lendas encobrem verdades muitas vezes desconcertantes.[2]

[2] No capítulo inicial de outra obra de Ângelo Inácio há uma interessante discussão sobre as fronteiras entre ficção e realidade, bem como sobre o uso daquela como instrumento para antecipar o conhecimento de fatos da vida extrafísica. Entre os personagens, os espíritos Júlio Verne, R. A. Ranieri e W. Voltz

Ondinas, sereias, gnomos e fadas são apenas denominações de um vocabulário humano, que tão somente disfarçam a verdadeira face da natureza extrafísica, bem mais ampla que as percepções ordinárias dos simples mortais. Em meio à vida física, às experiências cotidianas do ser humano, enxameiam seres vivos, atuantes e conscientes. O universo todo está repleto de vida, e todos os seres colaboram para o equilíbrio do mundo. A surpresa com a revelação dessa realidade apenas exprime nossa profunda ignorância quanto aos "mistérios" da criação.

As questões relativas aos seres elementais levantam, ainda, novo questionamento. Os elementais – sejam gnomos, duendes, salamandras ou quaisquer outros – são seres que advêm de um longo processo evolutivo e que, segundo afirmara Pai João, estagiaram no reino animal em sua fase imediatamente anterior de desenvolvimento. Portanto, devem ter uma espécie de consciência fragmentária. Onde e em que momento está o elo desses seres com a humanidade? Quer dizer, em que etapa da cadeia cósmica de evolução esses seres se humanizarão e passarão a ser espíritos, dotados de razão?

Meus pensamentos vagavam por esses intricados caminhos do raciocínio, quando Wallace, aproximando-se de mim, interferiu:

– Como você sabe, Ângelo, até hoje os cientistas da Terra procuram o chamado "elo perdido". Estão atrás de provas concretas, materiais da união entre o animal e o ser humano e buscam localizar o exato momento em que isso teria ocorrido. Em vão. Os espíritos da natureza, seres que concluíram seu processo evolutivo nos reinos inferiores à espé-

(PINHEIRO, Robson. Pelo espírito Ângelo Inácio. *A marca da besta*. Contagem: Casa dos Espíritos, 2010. p. 35-61).

cie humana, vivem na fase de transição que denominamos elemental. Entretanto, o processo de humanização, ou, mais precisamente, o instante sideral em que adquirem a luz da razão e passam a ser espíritos humanos, apenas o Cristo conhece. Jesus, como representante máximo do Pai no âmbito do planeta Terra, é o único que possui a ciência e o poder de conceder a esses seres a luz da razão. E isso não se passa na Terra, mas em mundos especiais, preparados para esse tipo de transição. O próprio Kardec, que pude estudar ainda quando encarnado, aborda a existência desses mundos nos ditados de *O livro dos espíritos*.[3]

– É verdade! – observei com admiração. – Recordo-me desse trecho, porém não havia feito a conexão daquele ponto com os elementais.

– Quando soar a hora certa no calendário da eternidade, esses seres serão conduzidos aos mundos de transição, adormecidos e, sob a interferência direta do Cristo, acordarão em sua presença, possuidores da chama eterna da razão. A partir de então, encaminhados aos mundos primitivos, vivenciarão suas primeiras encarnações junto às humanidades desses orbes. Esse é o motivo que ocasiona o fracasso da busca dos cientistas: procuram, na Terra, o elo perdido entre o mundo animal e o humano. Não o encontrarão jamais. As evidências não estão no planeta Terra, mas pertencem exclusivamente ao plano cósmico, administrado pelo Cristo.

Consegui esboçar apenas um sorriso desconcertado enquanto Wallace deu a explicação. Não poderia falar nada. O plano da criação é verdadeiramente grandioso, e a compreensão desses aspectos desperta em nós uma reverência profunda pelo autor da vida.

[3] Mundos transitórios. In: KARDEC. *O livro dos espíritos*. Op. cit. p. 200-202, itens 234-236.

Segui Wallace ao encontro de Catarina, a vovó da umbanda. O companheiro Silva, também transfigurado como preto-velho, veio ao nosso encontro na companhia do espírito João Cobú, conhecido como Pai João.

– Creio que agora vocês podem seguir sem a minha presença – disse Silva. – Devo permanecer aqui por mais algum tempo.

– Pensei que você iria continuar conosco... – lamentei, surpreso com a decisão do companheiro Silva.

– Tenho compromissos aqui no Oásis da Paz; assuntos urgentes requerem minha presença. No entanto, conversando com nosso Pai João de Aruanda, disse-me que poderá acompanhá-los. Além dele, terão a companhia da mãe-velha Vovó Catarina, a querida Euzália. Estão em ótima companhia, não é? – concluiu Silva com bom humor.

– Sim, meu filho – falou Pai João. – Acompanharei vocês, junto com Catarina e Wallace, e ainda encontraremos um de meus meninos. Ele estará conosco, auxiliando-nos.

– Meninos? – indaguei. – Teremos então a companhia de algumas crianças?

Tanto Silva quanto Wallace riram gostosamente antes de me responder:

– Na verdade, Ângelo, o termo *menino* é uma maneira peculiar de Pai João referir-se a um guardião. Um espírito que, na umbanda, é denominado exu.

– Então teremos contato direto com um exu? Isso é demais! Será uma oportunidade ímpar de conhecer o trabalho dessas entidades, ainda tão mal compreendidas.

– Bem, meus amigos, tenho de ir – despediu-se o amigo Silva. – Mais tarde nos encontraremos novamente, em outras oportunidades. Desejo-lhes sucesso na empreitada.

Vovó Catarina, Pai João, Wallace e eu despedimo-nos do companheiro Silva e também de Porfíria, coordenadora espiritual daquele albergue de luz. Por certo, ela e o amigo Silva teriam muito trabalho pela frente, diante de tantos necessitados que eram internos da instituição espiritual.

Pai João e Vovó Catarina nos conduziam pela região de transição, rumo a um terreiro onde poderíamos observar detalhes próprios do culto umbandista e extrair ensinamentos.

Atravessamos imensa região do astral sob a tutela desses abnegados espíritos. Wallace e eu colhíamos as impressões sobre os acontecimentos recentes e trocávamos ideias a respeito de certos elementos ligados à umbanda. Pai João, notando nosso interesse no assunto, esclareceu-nos com suas observações:

– Meus filhos, se permitem a intromissão de nego-velho, tanto a umbanda, que é uma religião tipicamente brasileira, produto de influências diversas, quanto os cultos de origem propriamente africana são cultos que trazem elementos mágicos. Termos como *feitiço*, *magia* e *encanto* são comuns à umbanda e ao candomblé. Contudo, ainda hoje, a grande maioria dos espíritas ignora os mecanismos da magia: tanto a dita magia branca, quanto a magia negra.

– Alguns chegam ao disparate de afirmar, inclusive, que não existe magia negra – completei. Insinuando um leve sorriso, prosseguiu o pai-velho:

– Acredito, Ângelo, que tanto você quanto eu perturbamos um pouco a tranquilidade dos espíritas ortodoxos.

– Não entendi o que quis dizer – falei para o espírito amigo.

– É que nós abordamos, em nossos livros, temas desconcertantes para a turma apegada à ortodoxia doutrinária. Acho até que os demais espíritos que utilizam o mesmo médium que nós, cada um a sua maneira, estejam igualmente incomodando muita gente que aprecia a tão falada "pureza doutrinária". Você, por exemplo, tocou num assunto complicado, que remete a velhos preconceitos. Pretos-velhos, caboclos e exus; umbanda, candomblé e África são assuntos afins, que mexem com o ranço de discriminação e preconceito que muitos espíritos trazem profundamente arraigados em seu psiquismo. Por outro lado, o companheiro Joseph Gleber foi ousado ao tratar de assuntos considerados não espíritas, como duplo etérico, corpo mental e o estudo dos corpos ou dimensões conforme o sistema setenário.[4]

– De fato, você tem razão – redargui.

– Veja, meu filho, que, ao fazermos nossas observações, estamos sujeitos a críticas e interpretações contrárias. Mas não devemos nos desencorajar. Temas como magia negra, magia teúrgica, umbanda, candomblé e muitos outros precisam ser abordados, desmistificados, pois são parte da cultura espiritual do Brasil. Por que tanta relutância em constatar essa realidade? Na verdade, os brasileiros e alguns outros povos do planeta vivem às voltas com tais assuntos, e o povo mais simples necessita de esclarecimento o mais breve possível.

– E qual é sua opinião a respeito da magia negra, Pai João, temida por tanta gente? – perguntei, sob o olhar atento de Wallace, que nos acompanhava com interesse.

– Sabe, meus filhos, nego-velho pensa que a feitiçaria e a magia acabam representando males menores, se comparadas ao feitiço das guerras, das bombas e outras artimanhas do gênio humano, que devastam a cada dia nosso planeta. Acredito mesmo que os cientistas atuais ou, ao menos, os espíritas que se acham cientistas já passaram da hora de investigar os mecanismos da magia, tão conhe-

[4] Cf. PINHEIRO. Pelo espírito Joseph Gleber. *Medicina da alma* e *Além da matéria*. Contagem: Casa dos Espíritos, 1997/2007 e 2003/2011, respectivamente.

cidos dos magos e feiticeiros, seus colegas ancestrais. Na realidade, aquilo que no passado se denominou *magia* hoje se diz *ciência*; a palavra *cientista* substituiu a terminologia *magista*, ou seja, *estudioso da magia*.

Após breve silêncio, em que suas palavras ecoavam em nossas mentes, o pai-velho retomava:

– É importante lembrarmos, meus filhos, que feitiço ou magia não abrange somente o preparo de objetos ou condensadores energéticos por parte dos especialistas, magos e feiticeiros. Hoje, estudamos também, como símbolo e subproduto da magia, os poderes mentais mal conduzidos, as manipulações químicas da indústria do aborto e as armas letais, que inteligências invulgares se dedicam a elaborar, destruindo milhares e milhares de vidas a partir de seus laboratórios. Além desses exemplos, também movimentam poderes ocultos perniciosos o falatório inútil, as brigas e disputas entre irmãos de fé, que se tornam inimigos íntimos a troco de tão pouco. Todos esses elementos materializam cotas de energias mórbidas e destrutivas, que se agregam às auras dos irmãos encarnados e são ou serão absorvidas por seus organismos. Tudo isso é magia, é feitiço, é encanto.

– E os chamados despachos, que muitas vezes são vistos nas ruas? Estão vinculados à magia?

– Esses despachos e ebós, meus filhos, funcionam como condensadores de energia de baixíssima vibração. Representam a energia materializada, condensada ou coagulada. Ao entrar em contato vibratório com a aura da pessoa visada, esses condensadores descarregam sobre ela toda a cota de energia mórbida armazenada, causando prejuízo para o ser a que se destina. O feiticeiro ou mago negro encarnado utiliza geralmente uma fotografia, um objeto qualquer pertencente à vitima ou, caso tenha um poder maior de concentração mental, apenas visualiza sua vítima. Catalisa, nesses artefatos envolvidos no processo mágico, toda a sua energia e vibração. Os ebós e despachos são elementos mágicos, que têm a função de orientar vibratoriamente as entidades malfeitoras do astral. São os chamados endereços vibratórios.

– Mas esses enfeitiçamentos têm o poder de atingir suas vítimas, prejudicá-las realmente, chegando até mesmo a matar?

– Com certeza, meus filhos – esclareceu Pai João. – Quando a pessoa a quem o encanto se destina encontra-se em situação mental aflitiva, deprimida ou sob qualquer tipo de viciação mental e emocional, é o bastante para que ofereça campo propício para a energia desencadeada pelo feitiço. O mago, seja encarnado ou desencarnado, projeta diretamente sobre o fluxo de elétrons dos objetos que manipula toda a carga mórbida: mental, emocional ou astral. Sob intenso campo de rebaixamento vibratório, despeja esse *quantum* energético sobre a vítima, liberando sobre ela todo o conteúdo mórbido. Convertida então em endereço vibratório, a vítima é atingida de forma certeira, como um raio.

– Qual é o resultado em quem sofre essa operação?

– Os resultados são diversos – Pai João era assertivo. – Em algumas ocasiões, ocorrem estados de enfermidade cuja gênese não é encontrada pela ciência médica, com seus métodos convencionais. Noutras, são processos enfermiços do psiquismo que não encontram solução através da psicologia nem da psiquiatria. Podem se expressar, ainda, no aparecimento de objetos materializados no sistema nervoso da vítima, estruturados em matéria astral, que passam a influir no funcionamento de sua mente e seu corpo. Caso o indivíduo esteja sintonizado com um processo de culpa qualquer, o dano será mais intenso, pois que o fluido mórbido transposto para sua aura afetará também a periferia do corpo físico, e não somente o campo mental ou psíquico.

– Então essa questão de magia negra é mesmo muito presente e atuante nas vidas de nossos irmãos, pois são numerosos os que enfrentam problemas assim, como você descreve, sem solução aparente, segundo o ponto de vista dos encarnados.

– Não podemos generalizar, Ângelo. Muita gente também sofre de autoenfeitiçamento. São vítimas de si mesmos. É o processo de auto-obsessão, tão falado nos meios espíritas, meu filho. Há indivíduos que se fecham num círculo mental pernicioso ou entram num circuito fechado de emoções desequilibradas, acabando por instalar em si mesmos, em sua aura e seu corpo, os venenos mentais e emocionais criados.

– Quanto aos magos e feiticeiros, o que se pode entender a seu respeito?

Desta vez foi Vovó Catarina que, pedindo a palavra a Pai João, nos esclareceu:

– Podemos entender, Ângelo, que o feitiço ou a magia negra é um processo de condensação energética de baixíssima vibração e altíssima potência. Os chamados magos negros ou feiticeiros modernos são criaturas que se especializaram na transmutação e inversão de energias condensadas, utilizando-as de forma violenta, mas sempre de acordo com as leis da natureza, descobertas pela física dos homens. Eles apenas invertem a polaridade dos campos energéticos e, a seguir, levam o *quantum* de energia densa e mórbida ao seu endereço, ou seja, diretamente a suas vítimas.

Era muito interessante ver a preta-velha falando de mecânica quântica. Ela prosseguia:

– É claro que, para a magia negra funcionar, tem de haver a cooperação de entidades desencarnadas, que estruturam no plano astral um duplo, uma duplicata dos objetos. É na réplica astral dos artefatos utilizados pelo mago negro ou feiticeiro que reside todo o conteúdo magnético mobilizado, e é nela que se dá a inversão da polaridade eletrônica, com eficácia para os fins sombrios a que se propõe.

– Sendo assim, depreende-se que a chamada antigoécia ou desmanche de magia negra deveria visar as duplicatas astrais desses objetos; é isso?

– Exatamente – interferiu Pai João. – Essa é a razão pela qual, nas reuniões espíritas em que se utilizam as técnicas de apometria, o operador ou apômetra procede à queima desses objetos do astral após o desmanche do trabalho, aplicando recursos como o auxílio das salamandras. Perceba que a doutrinação pura e simples do espírito responsável pelo empreendimento da magia negra não tem como solucionar a questão. Em geral, eles nem se mostram permeáveis à doutrinação convencional e não são demovidos facilmente de seus intentos. É preciso, portanto, desdobrar os médiuns e trazer ao ambiente da reunião mediúnica os elementos e objetos utilizados no astral, que são as matrizes energéticas, e queimá-las, destruindo e revertendo a polaridade magnética dos ditos encantos. Só assim se poderá quebrar o feitiço ou desativar a magia. Enquanto isso, deve-se proceder ao tratamento das entidades envolvidas, sempre acompanhado da mudança radical de conduta e das atitudes do alvo ou vítima.

Dando ênfase à última frase, Pai João continuava:

– Muitos magos negros desencarnados são especialistas e profundos conhecedores das leis de transmutação da matéria em energia, das leis da polaridade, do ritmo e do mentalismo. Embora, na atualidade, os modernos operadores de feitiçaria se utilizem de outros termos, como ondas, magnetismo, átomos, frequência e *spins*, próprios da ciência contemporânea, manipulam forças e energias idênticas, subjugados por entidades satânicas, com objetivos espúrios.

Médiuns imprevidentes colocam-se em contato com tais entidades e terminam sob o comando delas, que são experientes no domínio de consciências. Perversas ao extremo, elas manipulam quem lhes serve de instrumento, dando-lhes, justamente, a ilusão de que permanecem senhores de si. A verdade, que se torna patente para o médium doente quando de seu desencarne, é dramática e de graves consequências.

Pai João interrompeu seus comentários quando se aproximou de nós um espírito vestido de forma incomum, ao menos para mim. Já estávamos próximos vibratoriamente da Crosta, bem perto, portanto, do local onde realizaríamos algumas observações.

O espírito que se apresentou era o guardião do qual Pai João nos falara, um de seus meninos ou subordinados. Os demais guardiões, que nos acompanhavam desde nossa comunidade espiritual, o receberam como a um militar de alta patente.

O guardião cumprimentou Pai João, Vovó Catarina, Wallace e eu, postando-se de pé, bem ereto, fazendo um gesto de respeito e submissão.

Pai João o cumprimentou:

– *Laroiê*, exu. Salve sua banda!

– Salve, meu pai – respondeu o exu.

9

SETE, O GUARDIÃO DAS SOMBRAS

Assim, pode o homem, a despeito da sua criminalidade, possuir um progresso interno e elevar-se acima da espessa atmosfera das baixas camadas, isto pelas faculdades intelectuais sutilizadas, embora tivesse, sob o jugo das paixões, procedido como um bruto. A ausência de ponderação, o desequilíbrio entre o progresso moral e o intelectual, produzem essas tão frequentes anomalias nas épocas de materialismo e transição.

JEAN REYNAUD (ESPÍRITO),
Espíritos endurecidos[1]

[1] KARDEC. *O céu e o inferno ou a justiça divina segundo o espiritismo.* Tradução de Manuel Justiniano Quintão. 1ª ed. esp. Rio de Janeiro: FEB, 2004. p. 441, II parte, cap. 7, item 3.

A APARÊNCIA é a de um militar. Isso mesmo. Ele parece um militar, dos que impõem respeito e inspiram autoridade. Mas não é só isso. Ele sabe se impor. É alguém que parece saber com precisão o que deseja e deve fazer. Tudo indica que o espírito que está diante de mim é um perfeito cavalheiro em seus modos, embora tão firme e cheio de decisão que não permita vacilações. Alto, magro – esbelto, na verdade. Veste-se com um traje que associei a um uniforme militar do tipo futurista, mas que não chega a ser exagerado. Sobre os ombros, uma capa desce-lhe até os tornozelos. É um tecido curioso que compõe aquela indumentária toda. Nas mãos, segura uma espécie de lança, que absolutamente não combina com seu traje, mas que há de ter uma finalidade.

– Boa noite, criança! – foi seu cumprimento. Uma voz firme, resoluta, magnética e muito forte. Eu diria que era a voz de um barítono, daqueles que fariam sucesso em qualquer ópera na velha Terra.

– Sou um guardião e estou aqui para lhe servir.

– Boa noite! – respondi ao espírito imponente. – Meu

nome é Ângelo.

– Pode me chamar de Sete.

– Sete? – me aventurei a comentar. – Mas isso lá é nome? Pelo que me consta, sete é um número, e não um nome...

– Sete! É o que basta por enquanto a você e a mim. Estou aqui para conduzi-lo em suas observações. Recebi uma incumbência dos superiores. Devo mostrar a você alguma coisa a fim de que possa transmitir àqueles que estão do outro lado do véu, os encarnados.

– Sei... – respondi, magnetizado pelo seu olhar penetrante. – Mas será que primeiro não poderíamos nos conhecer melhor? Por exemplo, quem é você? Por que esses trajes, a lança, enfim, o nome, tão cabalístico assim?

Olhando-me fixamente, o espírito modificou aos poucos seu semblante. Traços mais finos e suaves foram aparecendo em sua fisionomia. Não parecia tão ameaçador como antes se mostrara.

– Sou um dos guardiões. Posso lhe dizer que pertenço a uma organização mundial voltada para a preservação da harmonia e do equilíbrio nos diversos planos da vida.

– Uma espécie de CIA ou FBI de âmbito mundial?

– Talvez – respondeu-me sério. – Os guardiões são espíritos comprometidos com a ordem e a disciplina espirituais. Somos conhecidos em diversos cultos com nomes apropriados ao vocabulário de cada comunidade. Temos uma hierarquia,[2] um comando central, de onde vêm as diversas tarefas a nós confiadas.

– E em quais tarefas vocês se especializam, em nome

[2] Há outro romance do mesmo autor espiritual que aborda mais detalhes a respeito da hierarquia ou dos diversos comandos dos guardiões (PINHEIRO. Pelo espírito Ângelo Inácio. *Crepúsculo dos deuses*. 2ª ed. rev. ampl. Contagem: Casa dos Espíritos, 2010).

dessa ordem e disciplina? Falando de forma mais específica, o que realmente vocês fazem em prol da humanidade?

– Temos diversas atribuições junto à humanidade, desde a proteção individual a pessoas que têm responsabilidades espirituais, sociais, religiosas ou políticas, até a proteção de comunidades, países, continentes e do próprio planeta. As atribuições dependem sobretudo da hierarquia a qual pertençamos. Um grupo de guardiões mais experientes e com conhecimento atualizado pode ser responsável pela manutenção da paz mundial, trabalhando junto a lideranças políticas ou religiosas, nos bastidores das intrigas internacionais. Nesse caso, o objetivo dos guardiões não é defender esta ou aquela doutrina política nem fazer partidarismo. Muito mais que interesses mesquinhos, estão em jogo os direitos humanos, do cidadão; enfim, a vida. A tarefa dos guardiões do Comando nº 1, como nos referimos a eles, é a defesa da humanidade.

– Então, pode-se considerar que a missão dos guardiões do chamado Comando nº 1 está sendo cumprida de forma muito precária. Faço essa observação em vista de tantos conflitos internacionais, guerras e guerrilhas que estouram em toda parte. Onde está a interferência do Comando nº 1?

– Veja, criança – falou sério. – Lutamos com milênios e milênios de cultura de guerras, intrigas e políticas mal projetadas. Não há milagres na criação. Nossa tarefa é laboriosa e lenta, porém vital. Há que se considerar que lidamos com seres humanos encarnados ou desencarnados, todos com liberdade de pensar e agir.

Seu argumento era consistente, não havia dúvidas. Prosseguiu:

– Para que você saiba um pouco mais a respeito de nossa atuação no mundo, veja o que ocorreu, por exemplo, com o episódio das torres gêmeas, em Nova Iorque. O fato ocorrido em 11 de setembro de 2001 teria proporções bem mais amplas, não fosse a interferência direta dos guardiões do Primeiro Comando. O planejamento das entidades perversas era, além de atingir o World Trade Center, cometer um atentado contra o Vaticano, sede da Igreja Católica. Creio que você não ignora as consequências brutais de um atentado dessas proporções. O mundo estaria mergulhado em uma situação política insustentável. Muitas conquistas da civilização seriam abaladas e estariam seriamente ameaçadas diante da iminente Terceira Guerra Mundial. Os guardiões entraram em cena e, atuando nos bastidores das sombras, enviaram agentes para as fileiras do mal, descobrindo a tempo seu planejamento. Sabotaram os planos das trevas e conseguiram amenizar a situação. Aquilo que o mundo presenciou naquele 11 de setembro foi apenas uma pequena parte do plano que os terroristas e seus comparsas desencarnados haviam traçado inicialmente.

– Então existe mesmo uma espécie de serviço secreto espiritual...

– Todas as organizações da Terra são inspiradas naquelas que existem no lado de cá da vida. Quanto à existência de agentes secretos nas fileiras dos guardiões, de fato nosso papel em todo o contexto mundial não é apenas de passividade e defesa. Existem aqueles espíritos cujo passado espiritual guarda estreitas ligações com o mal e certas organizações sombrias. Embora com o pensamento renovado e trabalhando em prol da ordem e da paz, agem como espiões e observadores entre as comunidades das trevas. Corresponderiam aos agentes duplos das organizações de inteligência. Esses espíritos se misturam a certas comunidades das sombras e lá desempenham o papel de vigias, tomando nota e comunicando aos dirigentes superiores os planos das mentes voltadas para o mal. De posse dessas informações, traçamos um roteiro de atividades com o objetivo de desmontar todo o planejamento do mal. Não fossem os próprios homens, com suas atitudes desequilibradas, teríamos sucesso completo em nossas tarefas.

– Quer dizer que, mesmo que os guardiões sejam rigorosos em suas ações de defesa energética, há possibilidade de que não tenham pleno êxito?

– Claro que sim. Vivemos em um mundo em que o mal ainda predomina, embora os avanços do bem. Além disso, em qualquer ação espiritual há que se levar em conta um fator muito relevante para o desfecho de nossas atividades: o próprio homem encarnado, seus pensamentos e atitudes e, sobretudo, seu livre-arbítrio. Muitas vezes todo o nosso trabalho se põe a perder devido às posturas humanas e à sintonia que o homem estabelece, mediante o exercício de sua vontade.

Impressionei-me com a noção de respeito que aquele espírito possuía; era algo surpreendente. A firmeza exigida em suas atribuições não lhe tolhera a valorização do livre-arbítrio alheio, antes pelo contrário.

– Os espíritos que trabalham como guardiões são especializados nessa tarefa? – perguntei. – Como é sua formação, se posso assim dizer?

– A maior especialização, ou melhor, a escola superior na qual nos graduamos é o plano físico. O contato regular com o mundo dos encarnados faz com que muitos conhecimentos e experiências do passado, que estão apenas latentes, eclodam do psiquismo profundo e se tornem uma realidade objetiva e atual para o espírito. A academia da Terra, com suas múltiplas experiências, é o verdadeiro educandário, onde cada espírito se especializa naquilo que para si elegeu como forma de vida.

"Há muitos espíritos que na Terra tiveram experiências na carreira militar ou em alguma outra função que lhes propiciasse o desenvolvimento de certas qualidades necessárias a um guardião. Do lado de cá, serão aproveitados como tal. Oferece-se ao espírito a oportunidade de continuar, no mundo extrafísico, trabalhando naquilo que sabe e, desse modo, aperfeiçoar seu conhecimento e ganhar mais experiência.

"Muitos militares do passado, comprometidos com o mau uso do poder e da autoridade, são convocados e convidados a se reeducarem nas falanges dos guardiões, reaprendendo seu papel. Para tanto, defendem as obras da civilização em geral, o patrimônio cultural e as instituições beneméritas. Outros espíritos, que dominaram certos processos e meios de comunicação quando encarnados, são convidados e estimulados a trabalhar nos vários laboratórios e bases de comunicação a serviço dos guardiões.

"Generais, guerreiros, soldados, comandantes ou os simples recrutas, das diversas forças armadas da Terra, são aproveitados com a experiência que adquiriram. Transcorrido o tempo natural de transição, após a morte física, apresentamos a esses espíritos a oportunidade de se refazerem emocional e moralmente. Tal oportunidade são as atividades que poderão desempenhar do lado de cá da vida, obedecendo a um propósito superior. Há diversos campos de atuação, como disse, tanto na defesa psíquica, energética ou espiritual de pessoas e instituições, como na proteção de comunidades e povos.

"Enfim, as possibilidades de trabalho do lado de cá são imensas. Ao espírito desencarnado são apresentadas basicamente duas opções: ou ele permanece presa de seu sentimento de culpa, forjando situações aflitivas em torno de si, ou libera-se da culpa. Neste caso, abrem-se inúmeras possibilidades de trabalho, aproveitando-se as experiências vividas e valorizando-se as aquisições pessoais. Qualquer experiência, ainda que equivocada ou difícil, é reorientada, com objetivo útil à causa do bem e do equilíbrio. Caso o espírito opte pela segunda alternativa e assimile a ideia de continuar trabalhando em prol da humanidade, são ampliadas suas oportunidades à medida que amadurece."

– Isso quer dizer que ele deixa de sofrer as consequências das faltas cometidas na Terra, caso se integre a uma das equipes de trabalho, do lado de cá?

– Não é bem assim que ocorre, você sabe. Cada qual é responsável pelas consequências de seus atos: isso é imutável. Porém, a lei não impõe sofrimento a ninguém; ela dá oportunidades de reparação e resgate no desempenho de tarefas dignificantes. O sofrimento é resultado da mente culpada, que forja, ela própria, as situações aflitivas dentro e em torno de si. Sofrimento pelo sofrimento: onde já se viu? A finalidade da lei não é o sofrimento, é o aprendizado. Ao trabalhar pelo bem, a ordem e a harmonia, o espírito terá tempo de solucionar com tranquilidade os equívocos aos quais se entregou em seus excessos quando encarnado. Somos convidados a trabalhar, oferecendo à vida o que de melhor possuímos. Aos poucos vamos reparando dentro de nós aquilo que carece de conserto. Não é preciso estacionar em zonas mentais de sofrimento, absolutamente. Vamos caminhando, trabalhando como sabemos e como estamos, que os problemas vão encontrando a devida solução ao longo do tempo.

– E quanto a você? – não podia deixar de perguntar novamente. – Por que tanto mistério em torno de sua pessoa? Por que as vestimentas estranhas e o nome cabalístico?

– Ah! criança, isso é outra coisa. No passado abusei muito do poder e de diversas posições que ocupei em várias encarnações. Irradio, por isso, uma vibração tão intensa que muitos espíritos prejudicados por mim, no passado, poderiam me localizar facilmente, seguindo as irradiações mentais oriundas de meu espírito.

Notei que, ao falar de si mesmo, o guardião baixou a cabeça, como que ensimesmado ou envergonhado. Vi que uma lágrima discreta descia de seus olhos e soube respeitar alguns minutos de silêncio que se estabeleceu em nosso diálogo. Instantes depois, retomando a palavra, o espírito guardião continuou:

– A roupa, que lhe parece estranha e que reveste meu perispírito, é uma criação mental e fluídica de amigos espirituais mais elevados. Cobrindo-me desta maneira, ela disfarça as irradiações mentais que partem de meu interior, amortecendo-as, e assim impede que eu seja encontrado ou reconhecido por entidades vingativas: o traje funciona como um defletor dos raios luminosos. Quando há necessidade de que eu visite certas zonas sombrias, regiões de vibrações baixíssimas, envolvo-me neste manto, que reflete os raios de luz, desviando-os, num processo que nem eu mesmo sei explicar. É uma tecnologia empregada pelos nossos superiores. Na medida em que os raios de luz se desviam, as outras entidades, de vibrações inferiores, não podem me perceber visualmente. Fico, assim, invisível às suas percepções. Portanto, esta indumentária dá-me a possibilidade de realizar diversas tarefas; sem ela, não conseguiria, apenas por minha própria vontade, tornar-me invisível a determinados espíritos.

Em sua expressão, o guardião deixava transparecer a honra de ser merecedor da confiança e de tal investimento por parte de espíritos superiores, que lhe patrocinavam as condições de trabalho. Prosseguia:

– Quanto ao nome adotado por mim, Sete, refere-se às diversas encarnações em que experimentei autoridade e poder e nas quais, na maioria, falhei. Foram sete as experiências reencarnatórias em que lidei com o poder militar e de comando, com o domínio e, muitas vezes, o abuso de autoridade. Outras tantas encarnações eu tive; no entanto, essas a que me refiro foram marcantes, profundamente marcantes em minha vida de espírito. Do lado de cá fui convidado a assumir a direção de uma falange de espíritos, que tiveram experiências semelhantes às minhas; muitos deles, inclusive, valentes guerreiros que eu mesmo comandei em diversas batalhas do passado. Hoje, procuro conduzi-los para outras batalhas, na defesa do bem e da paz. Amanhã, só Deus sabe como estaremos, mas, do lado de cá, tento quanto posso direcionar meus tutelados para a tarefa de defesa e proteção de tudo e todos que representam o bem, o belo e a bondade.

O espírito comoveu-me com a história de sua vida. Não sabia o que dizer diante das revelações trazidas por ele. Com todo o respeito que me havia inspirado, resolvi perguntar-lhe algo mais:

– Com relação a seu passado espiritual, que lhe motivou a adotar o nome Sete, posso conhecer um pouco mais?

– Por que não, criança? – respondeu. – Nada tenho a esconder. Espero apenas que minhas experiências possam ser úteis para inspirar alguém mais, além de mim mesmo, na defesa do bem a da paz.

“No antigo Egito, fui um dos soldados que defendiam os templos da cidade dos faraós, um deles em especial. Ali, muito inexperiente ainda, na posição de guardião dos mistérios antigos, logo, logo o poder me subiu à cabeça e passei a utilizá-lo em meu próprio benefício.

“Mais tarde, em outra reencarnação, agora na Mesopotâmia, por ocasião da invasão de Dario, o Persa, assumi o comando de uma multidão de soldados, já com alguma experiência arquivada em minha memória espiritual.

"Na Grécia, fui Seleuco, o general orgulhoso de Alexandre, o Grande. Com ainda maiores recursos à minha disposição, abusei tanto do poder militar quanto da sexualidade, a qual, segundo julgo, utilizei de maneira comprometedora. Tive também a oportunidade de comandar um grupo de bárbaros em outra vida, os quais induzi a um massacre que ainda hoje me pesa na contabilidade espiritual.

"Participei dos batalhões de Tito, o general romano que invadiu Jerusalém no ano 70 d.C. Nessa ocasião fui eu grande guerreiro, hábil nas artimanhas da guerra e conselheiro do portentoso oficial romano.

"Novamente experimentei o poder militar quando participei das Cruzadas, na Idade Média, e, finalmente, na Primeira Guerra Mundial tive um papel destacado, desenvolvendo estratégias de guerra e comandando homens valorosos em diversas batalhas.

"Note, portanto, que por sete vezes vivi de perto e intensamente o poder militar, a guerra, as intrigas políticas e as habilidades estratégicas. Adquiri larga experiência, nada desprezível. É natural que aqui, depois da morte física, essa bagagem espiritual e esse conhecimento sejam utilizados com vistas a auxiliar. É da lei que possamos reavaliar nossa conduta e ajudar aqueles que no passado prejudicamos. Escolhi o nome Sete não por algum valor cabalístico, mas porque me lembra constantemente meu passado espiritual."

– Você teve apenas experiências reencarnatórias na área militar?

– De forma alguma, como já lhe disse. Das oportunidades de lidar com o poder militar guardo na memória apenas essas ocasiões às quais me referi. Contudo, outras tantas vezes estive na Terra de posse de corpos físicos que me proporcionaram tantas outras aquisições para meu espírito.

Ao recordar-me da expressão utilizada por Pai João, referindo-se a Sete como um de seus meninos, decidi indagá-lo sobre o nome dado aos guardiões:

– Por que a denominação de exu, e não apenas guardião?

– *Exu* é uma palavra comum ao vocabulário do candomblé e dos demais cultos de influência africana, usada também em algumas tendas de umbanda. Mas os nomes, em si mesmos, têm a finalidade apenas de nos identificar; não é importante que nos chamem deste ou daquele jeito. Para mim, tanto faz, pois deixo a vocês a incumbência de se ajeitarem quanto ao termo empregado. Na umbanda e no candomblé somos chamados de exus, porém, em outras doutrinas ou religiões os nomes mudam. Não faz diferença, somos apenas guardiões a serviço do bem, da justiça e da paz.

Após breve pausa, como que para estruturar seu pensamento, disse:

– De qualquer forma, é interessante observar o sentido original do termo *exu*, que representa, no contexto da mitologia africana, o princípio negativo do universo, em oposição a *orixá*, que seria a polaridade positiva. Os exus são, por outro lado, entidades que atuam como elemento de equilíbrio e de ligação com o aspecto negativo da vida e com os seres que se apresentam como marginais do plano astral.

Nunca havia pensado por esse ângulo. O soldado do mundo astral continuou:

– Na verdade, Exu é uma força da natureza, a contrapartida de Orixá. Tudo é duplo na natureza, tudo possui a polaridade positiva e a negativa: homem e mulher, masculino e feminino, luz e sombra ou *yang* e *yin*, na terminologia chinesa. São apenas duas faces de uma mesma realidade, una, cósmica. Assim sendo, para a cultura africana, Orixá representa o lado positivo, enquanto Exu, o lado negativo. Repare: negativo, e não mal; apenas o oposto, a polaridade. Exu é força de equilíbrio da natureza. É a força da criação, é o princípio de tudo, é nascimento. Exu representa o equilíbrio negativo do universo, o que, reafirmo, não quer dizer coisa ruim. Exu é a célula da criação da vida, aquele que gera o conflito, variadas vezes. Refiro-me ao conflito que promove o progresso do ser. Exu está presente, mais que em tudo e todos, na concepção global da existência. Nada é somente positivo, a existência em si tem dois lados opostos e, ao mesmo tempo, complementares. Isso é Exu, na concepção de força da natureza e na cosmologia africana. É, ainda, a propriedade dinâmica de tudo que possui vida.

"Como entidade reencarnante ou como espírito imortal, exu[3] representa a abertura de todos os caminhos e a saída de todos os problemas. Exu é o guardião dos templos, das casas, das cidades e das pessoas, e também é vaidoso e viril. É o intermediário entre os homens e os deuses, na concepção africana."

Entendi, com essa conversa, muita coisa que antes não tivera coragem ou mesmo oportunidade de perguntar. Creio que o diálogo com o guardião a serviço de João Cobú havia aberto minha cabeça para meditar em muitas coisas a partir daquele momento. Comecei a avaliar como os espiritualistas, os espíritas e também muitos umbandistas perdiam em conhecimento e sabedoria ao tratar os chamados exus de forma desrespeitosa ou preconceituosa, reduzindo-os a simples obsessores. Creio que temos ainda muita coisa a pesquisar no campo das realidades espirituais e que não podemos, de modo algum, colocar um ponto final em certas questões. No máximo, no que tange ao conhecimento de entidades espirituais, podemos acrescentar reticências.

[3] Para marcar a alternância entre *Exu* como força da natureza e *exu* como entidade, espírito, optamos pelo uso de maiúscula no primeiro caso e minúscula no segundo.

Tomando mais uma vez a palavra, o guardião complementou seu pensamento:

– Para não deixar dúvidas, criança: existe Exu como força da natureza – portanto, uma energia ou vibração não encarnante – e existem os exus – entidades que se agrupam devido à afinidade com essa vibração maior, que é a força ou vibração Exu, o oposto de Orixá. No meu caso, sou apenas uma entidade, denominada *exu*; como tal, agrupo em torno de mim outros espíritos, os guardiões, que são afins com essa força maior, de polo negativo, chamada *Exu*. Somos elementos de equilíbrio para evitar o caos.

E, certificando-se de que compreendi sua exposição, concluiu:

– Agora, preste atenção. Ocorre entre nós algo semelhante ao que acontece em um exército, no qual há os militares mais conscientes de suas responsabilidades e também aqueles recentemente alistados, sem consciência tão ampla assim. De um lado, temos os exus superiores, guardiões mais responsáveis, que não se prestam a objetivos frívolos nem compactuam com os chamados despachos ou ebós, recurso compartilhado por ignorantes dos dois planos da vida. De outro, estão os exus menores, aqueles que poderíamos chamar de recrutas, e os guardiões particulares, que, não tendo ainda maiores esclarecimentos, são subordinados ao alto comando. No entanto, todos têm seu livre-arbítrio, e, vez por outra, esses guardiões de vibração inferior entram em sintonia com os homens e médiuns ignorantes, estabelecendo com eles uma ligação energética doentia ou infeliz.

– É boa a analogia com as corporações militares dos encarnados... Do soldado ao general, as responsabilidades variam muito.

– Isso mesmo, criança! – exclamou o guardião. – Quanto a mim, estou aqui para auxiliá-los na pesquisa que realizam, mas atuo também como elo com os locais que visitarão a partir de agora.

Após todas as minhas perguntas, o guardião deu por encerrada nossa conversa, indicando que era hora de mudar de atividade. Um pouco afastados permaneceram Pai João, Vovó Catarina, Wallace e os demais guardiões que nos acompanhavam. Todos sabiam respeitar a minha curiosidade inata e a necessidade de conhecimento.

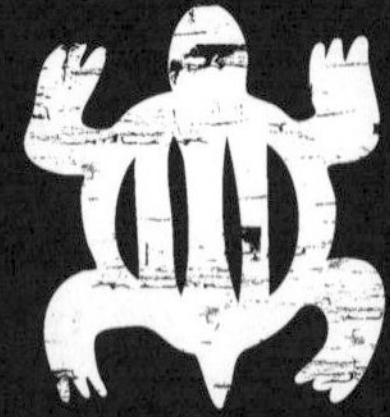

10

Goécia

O magnetismo preparou o caminho do Espiritismo,
e o rápido progresso desta última doutrina se deve, incontestavelmente,
à vulgarização das ideias sobre a primeira.
Dos fenômenos magnéticos, do sonambulismo e do êxtase
às manifestações espíritas não há mais que um passo;
tal é sua conexão que, por assim dizer, torna-se impossível falar de um
sem falar do outro. *Se tivéssemos que ficar fora da ciência magnética,*
nosso quadro seria incompleto e poderíamos ser comparados a um
professor de física que se abstivesse de falar da luz. (...)
A ele, pois, não nos referiremos senão acessoriamente, mas de maneira
suficiente para mostrar as relações íntimas entre essas duas ciências
que, a bem da verdade, não passam de uma.

Allan Kardec,
Magnetismo e espiritismo[1]

[1] In: KARDEC. *Revista espírita*. Op. cit. v. 1, mar. 1858, p. 149. Grifos nossos.

JÁ ESTÁVAMOS próximos ao terreiro ao qual nos dirigíamos, na Crosta. Quando chegamos, o ambiente externo estava fervilhando de entidades e de pessoas encarnadas. Uma fileira de seres desencarnados, que identifiquei como uma falange de guardiões, formava uma espécie de muralha em torno da construção física. Era a falange de Exu, composta dos guardiões do templo, conforme explicara o espírito Sete.

Aproximamo-nos vibratoriamente da tenda, que se dizia umbandista. Creio que, na verdade, a forma de culto que presenciávamos ali era um misto de umbanda e candomblé. O batuque era alto; os homens responsáveis pelos tambores pareciam em êxtase. No meio do salão, todo enfeitado com bandeirolas coloridas, um círculo de pessoas dançava a música cadenciada. Os médiuns do terreiro, todos com vestes bastante coloridas, dançavam sob a influência dos atabaques e demais tambores, tocados num determinado ritmo. Algo estranho, porém, acontecia naquele ambiente. Um a um, os médiuns, de acordo com o cântico que entoavam, em idiomas próprios de cultos assim, pareciam entrar em transe. Contudo, não havia espíritos envolvendo-os. De cada médium do terreiro exalava uma cota intensa de ectoplasma, na forma de um vapor luminoso, que pairava a seu redor.

Vovó Catarina, notando minha curiosidade e a de Wallace, começou com as explicações:

– Este não é um templo umbandista. Os dirigentes desta tenda, não possuindo maiores esclarecimentos sobre as leis da umbanda, adotaram o nome sagrado e se autodenominam umbandistas. Mas, veja, Ângelo, que ainda estão presos a antigos rituais, de procedência africana. Elementos como os atabaques, os cânticos na língua ioruba e os demais apetrechos que observamos já denotam que não é uma tenda umbandista. A multidão que comparece ao culto é atraída pela música, os cânticos e rituais; não há, entretanto, nenhum ensinamento de ordem moral. Também se pode notar que neste terreiro os médiuns cultuam os orixás à semelhança do candomblé. Na umbanda, é diferente. Reconhecem-se apenas sete orixás, e os respeitamos como vibrações ou forças da natureza.

– As roupas coloridas dizem alguma coisa a respeito dos médiuns? – perguntei. – É uma forma de identificação?

– Neste tipo de culto, cada cor representa um orixá, de acordo com o sistema de crenças de nossos irmãos do candomblé. Isso significa que cada médium está vestido com as cores associadas a seu santo ou orixá. Na umbanda, não se utiliza esse tipo de simbologia. Os médiuns umbandistas usam a roupa branca, como característica de simplicidade, e não entoam cantos rituais em idiomas que não o português,[2] abolindo inclusive o uso de atabaques. Mas não

[2] Evidentemente, a observação da personagem se refere ao Brasil, onde a umbanda surgiu. Ou seja, ela destaca o uso da língua nacional. Além do mais, não se quer dizer, com isso, que eventualmente não ocorra um ou outro termo de origem africana no culto umbandista.

nos fixemos na aparência. Examinemos a simbologia dos orixás, para que você possa compreender o significado de cada um.

– Sim, meu filho – interferiu Pai João. – É importante compreender o que sejam os orixás e sua atuação no mundo. À parte todo o ritual e as práticas que soam como excessos para nós, convém entender o que está por detrás da alegoria. Orixá é uma força viva da natureza, por vezes confundido com os elementais que têm afinidade com suas vibrações. Podemos dizer que Orixá é uma vibração cósmica; sendo assim, não se equipara aos seres desencarnados que incorporam em seus médiuns. Como vibração e energia primordial, os orixás *tal* e *qual* guardam determinadas características que se assemelham muito às de certos santos do culto católico. Daí, faz todo sentido o chamado *sincretismo*, aspecto muito marcante e interessante da cultura brasileira. Mas não significa que os orixás sejam tais santos, absolutamente. São princípios ativos, não encarnantes, e se porventura a umbanda utiliza imagens de santos católicos para simbolizar os orixás, é apenas a fim de estabelecer uma conexão mental entre o povo e as verdades da umbanda, através da crença popular.

– Não entendi muito bem – respondi.

– Vamos citar exemplos, meu filho – tornou Pai João. – Oxalá representa uma vibração que é responsável pela energia da paz. Também está associado ao elemento masculino ou *yang*, como queira classificar. Iemanjá, por sua vez, está ligada à água, simbolizando o elemento feminino. Porém, Oxalá não é Jesus, nem Iemanjá é Nossa Senhora, como pode sugerir o sincretismo. Se o culto umbandista lança mão das imagens de Nosso Senhor e Nossa Senhora para representar os orixás que lhes correspondem, é em virtude da necessidade popular de uma referência material para compreender as coisas espirituais. Os leigos, a população em geral teria dificuldade em entender o que seja uma vibração; é um conceito abstrato. No entanto, quando tais vibrações, como a paz e o elemento masculino, são representadas pela imagem de Jesus, estabelece-se imediatamente um ponto de contato entre o indivíduo e a vibração de seu orixá. Muitos ainda precisam de elementos materiais para alcançar realidades que estão no plano infinito da criação.

– Isso mesmo – falou Vovó Catarina. – As semelhanças de cada orixá-vibração com os santos católicos são apenas superficiais, simbólicas ou imagéticas, poderíamos dizer, embora os seres canonizados pela Igreja tenham tido, durante suas vidas, características que remetessem a este ou àquele orixá. Explicando melhor: sendo Oxalá uma vibração do elemento masculino, positiva, força ativa e fecundante, assemelha-se, pois, a Jesus, Nosso Senhor, sob cuja tutela e orientação a vibração de Oxalá atua. Do mesmo modo, os demais orixás, na umbanda, são identificados, conforme a vibração de cada um, com este ou aquele personagem reverenciado como santo. Ainda sobre a natureza do orixá-vibração Oxalá, vale dizer que é ele o responsável por reger o chacra coronário e está relacionado ao corpo mais superior do espírito, o sétimo corpo espiritual, o atma ou corpo átmico, segundo o setenário espiritualista.

Pai João continuou a explicação:

– Iemanjá, que, por sua vez, está associada ao elemento feminino, à lua e às marés, representa a sensibilidade e a emoção. A vibração de Iemanjá está intimamente ligada ao chacra frontal e ao corpo búdico, devido à função e às características dessas estruturas. A seguir, temos a vibração Yori, relacionada com o laríngeo e o corpo mental superior. Xangô, em sua vibração original, está associado ao chacra cardíaco e, por conseguinte, ao corpo mental inferior ou concreto. Isso se deve ao fato de que a vibração Xangô, ou o orixá Xangô, traduz justiça, equilíbrio e verdade. Ogum, que possui uma vibração mais intensa, tem características que se assemelham ao chacra umbilical; está na posição vibratória do corpo astral, das emoções fortes e passionais. Já Oxóssi, ligado à natureza e às florestas, às curas e à força prânica, relaciona-se ao chacra esplênico e, desse modo, ao duplo etérico, que é o harmonizador das energias da aura. Finalmente, a vibração de Yorimá simboliza os pretos-velhos e está associada ao chacra básico, pois as entidades que vibram na forma de pretos-velhos trabalham com o ectoplasma e estão diretamente ligados à sabedoria e à manipulação de fluidos densos.

– Então é correto afirmar que os orixás não são seres que um dia estiveram encarnados?

– Precisamente. São apenas vibrações. Contudo, na umbanda, existem entidades espirituais que correspondem ou traduzem essa vibração. Classificam-se como *orixás menores*, que, por sua vez, se fazem representar por caboclos e outros espíritos que habitualmente se apresentam na umbanda, como pais-velhos e crianças – estas, em alguns locais, conhecidas como erês. Os orixás menores são espíritos de seres que um dia estiveram encarnados, e sua função é sobretudo interpretar as leis e as vibrações originais dos chamados orixás maiores ou vibrações, que citamos anteriormente.

– Mas existe alguma diferença entre os orixás do candomblé e aqueles aceitos na umbanda?

– Com certeza, meu filho – tornou Pai João. – Na umbanda, aceitam-se apenas os sete orixás que comentamos. A *aumbandhã* respeita a riqueza do culto afro, representado no candomblé, mas o referencial para os trabalhos umbandistas são apenas os sete principais orixás-vibração originais, que representam também os sete planos vibratórios do universo, os sete chacras e os sete corpos espirituais.

– Agora, de volta ao que conversamos há pouco, este terreiro aqui é ou não uma tenda de umbanda?

– Como lhe disse, embora nossos irmãos utilizem o sagrado nome da umbanda – foi a vez de Vovó Catarina –, não detêm a *aumbandhã*, ou seja, a lei maior concedida à humanidade. Presenciamos um ritual complexo e podemos notar que ainda se encontram num estágio de transição entre o candomblé e a umbanda. Assim como existem muitos centros que se intitulam espíritas e não o são, assim também ocorre com a utilização do nome *umbanda*. Observe o ritual dos orixás e como ele se desenrola.

Há algum tempo, mesmo conversando com as entidades amigas, eu permanecia de olho no que se passava no terreiro. Na realidade, era um *barracão*, termo do qual tomei conhecimento e que é próprio do candomblé.

Pai João deu seguimento a nossa conversa, esclarecendo:

– Há ainda outro aspecto a analisar. Considerando alguns dos orixás mais conhecidos no Brasil, tanto na umbanda quanto no candomblé, podemos identificar algo especial no comportamento das pessoas que nascem sob a influência ou sintonizam com este ou aquele orixá, como força cósmica. Não abordaremos questões doutrinárias nem a narrativa mitológica que envolve os orixás, protagonistas de muitas histórias, à semelhança dos deuses gregos. Prefiro enfocar os orixás sob o ponto de vista psicológico, arquetípico. Por exemplo: o arquétipo de Ogum é o das pessoas enérgicas, às vezes briguentas e impulsivas. Perseguem seus objetivos sem se desencorajar facilmente; nos momentos difíceis, triunfam onde qualquer outro teria abandonado o combate e perdido toda a esperança. Os *filhos de Ogum*, como se costuma dizer, são indivíduos de humor mutável e transitam com naturalidade de furiosos acessos de raiva ao mais tranquilo dos comportamentos. Finalmente, Ogum é o arquétipo das pessoas impetuosas e arrogantes, que tendem a melindrar os outros devido a certa falta de discrição, quando alguém lhes presta serviços. Francos e sinceros ao extremo, não pensam duas vezes antes de se expressar, mesmo sob o risco de ofenderem as pessoas com as quais se relacionam.

Neste ponto, pareciam-me infinitas as possibilidades de interpretação do conhecimento dos orixás, tamanha a complexidade da cultura ligada a eles.

– Examinemos Oxóssi – prosseguiu Pai João. – Irmão de Ogum, na mitologia, o arquétipo de Oxóssi é bem diverso. Representa as pessoas espertas, rápidas, donas de notável agilidade, sempre em alerta e em movimento. Cheias de iniciativa, estão sempre em busca de novas descobertas e novas atividades, mas possuem grande senso de responsabilidade e de cuidado com a família. Podemos citar também o tipo psicológico Xangô. O arquétipo desse orixá é o das pessoas voluntariosas e enérgicas, altivas e conscientes de sua importância, real ou suposta. Podem ser grandes cavalheiros, senhores corteses, mas não toleram a menor contrariedade e, nesses casos, deixam-se possuir por crises de cólera, violentas e incontroláveis. Por isso Xangô é associado ao trovão. Os filhos de Xangô em geral possuem um senso de justiça muito apurado.[3]

Após alguns instantes para que pudesse fazer minhas

[3] Esta e as outras descrições do arquétipo de cada orixá são citações indiretas da obra do célebre fotógrafo e etnólogo autodidata Pierre Verger. Desencarnado, é um dos espíritos que auxiliaram o autor espiritual na produção desta obra, conforme este esclarece em nota a esta edição revista (VERGER, Pierre Fatumbi. *Orixás*: deuses iorubás na África e no Novo Mundo. Salvador: Corrupio, 1981. p. 114, 170 passim).

anotações, o preto-velho continuou:

– Outro tipo psicológico digno de estudo por parte dos psicólogos é Iansã, cujo comportamento já foi tema de filmes e músicas de nossos irmãos encarnados. O arquétipo de Iansã é o das mulheres audaciosas, poderosas e autoritárias. Indivíduos que podem ser fiéis e de lealdade absoluta em certas circunstâncias, mas que, em outros momentos, quando contrariados em seus projetos e empreendimentos, deixam-se levar a manifestações da mais extrema cólera. São mulheres de temperamento sensual e voluptuoso, que pode levá-las a múltiplas e frequentes aventuras amorosas extraconjugais, sem reserva nem decência, fato que não as impede de continuar muito ciumentas com seus maridos, por elas mesmas enganados. Por outro lado, Oxum, orixá do amor, tem comportamento emocional e social, tanto quanto tipo físico, bem distintos. O arquétipo de Oxum é o das mulheres graciosas, com paixão pelas joias, perfumes e vestimentas caras. É o tipo das mulheres que são símbolo de charme e beleza, também voluptuosas e sensuais, porém mais reservadas e refinadas que as do tipo psicológico Iansã.

– Há outros arquétipos associados à figura feminina?

– Um orixá muito conhecido pelos Brasil afora é Iemanjá, representativo da polaridade feminina por excelência. As filhas de Iemanjá costumam ser voluntariosas, fortes, rigorosas, protetoras, altivas e, algumas vezes, impetuosas e arrogantes. Fazem-se respeitar e são justas, mas bastante formais. Têm o hábito de pôr à prova as amizades que lhe são devotadas, mas preocupam-se muito com os outros; são sérias e maternais. Existe outro orixá cultuado no candomblé que também é muito conhecido. Falo de Omolu, que, no sincretismo, corresponde a São Lázaro. O arquétipo de Omolu é o das pessoas com tendências masoquistas, que gostam de exibir seus sofrimentos e tristezas, dos quais tiram uma satisfação íntima, um tanto mórbida. Podem atingir situações materiais invejáveis e rejeitar, um belo dia, todas essas vantagens, alegando certos escrúpulos, imaginários. Vivem a sofrer por problemas que jamais ocorrerão.

– E a personalidade arquetípica de Oxalá, qual é?

– Oxalá, sincretizado e representado pela figura de Jesus, é um orixá que merece ser pesquisado em suas manifestações psicológicas. O arquétipo de Oxalá é o das pessoas calmas e dignas de confiança, respeitáveis e reservadas, dotadas de força de vontade inquebrantável, que nada pode abalar. Modificam seus planos e projetos para não ferir suscetibilidades alheias, a despeito das convicções pessoais e dos argumentos racionais. Todavia, sabem aceitar, sem reclamar, os resultados amargos muitas vezes daí decorrentes.

À medida que Pai João explicava sua visão psicológica do panteão de deuses e orixás, meu entendimento se dilatava. Sinceramente, jamais havia pensado que o culto aos orixás pudesse ser visto sob a ótica da psicologia. Essa explicação era algo novo para mim. Na verdade, a partir desse momento, passei a reverenciar com mais profundidade a sabedoria dos pretos-velhos que nos acompanhavam. São verdadeiros psicólogos espirituais, disfarçados na aparência simples do negro, ex-escravo. Conhecedores do sofrimento humano, aliam sua sabedoria ao conhecimento ancestral. No caso de Pai João, há também experiência suficiente para dar profunda interpretação psicológica ao conteúdo místico do culto aos orixás. Por algum tempo, fiquei tão imerso nas explicações do preto-velho que quase me abstraí do ambiente, observando a dança dos médiuns daquele terreiro.

As pessoas dançavam sob a influência dos tambores. Algumas carregavam bacias de barro com apetrechos do culto, enquanto outros vinham logo atrás, segurando velas, animais sacrificados e garrafas com bebida. Depois de ouvir as explicações psicológicas do espírito João Cobú, aquilo que eu presenciava na forma externa do culto parecia destoar do conhecimento transmitido pelo preto-velho. Observava agora a parte material, visível aos olhos dos encarnados; em grande parte das vezes, seu sentido oculto, real, permanecia ignorado por aqueles próprios que praticam esses rituais. As tais bacias, chamadas alguidares, conforme me indicara Wallace, portavam todo o conteúdo material; simultaneamente, possuíam valor simbólico. Transportadas sob palmas e cânticos dos fiéis, levavam as oferendas que seriam entregues às entidades que cultuavam.

Notando minha curiosidade, Vovó Catarina esclareceu:

– O que você vê neste alguidar de barro é um condensador energético. O ebó ou a oferenda conduz uma espécie de energia mental coagulada, compactada, que nos leva a classificar todo esse material, que faz parte desse tipo de ritual, como um potente condensador ou coagulador de energias. Quando o responsável pelo culto realiza a entrega da oferenda, canalizando suas energias mentais para que se acumule nos apetrechos ritualísticos, imediatamente forma-se no astral uma contraparte etérica do objeto. É nessa contraparte ou duplicata astral que subsiste todo o conteúdo energético e etérico do chamado ebó, feitiço ou oferenda. Observemos agora, no outro barracão, o que ocorrerá.

Deixamos as cantigas e a festa para os orixás e nos dirigimos a outro aposento, mais reservado, onde, a meia luz, reuniam-se algumas pessoas.

Um grupo diferente se formava. Havia um círculo de homens e mulheres e, no centro, um homem vestido com estranhas vestes nas cores preta e vermelha.

– Este é o representante desta comunidade – falou Pai João.

– É o feiticeiro? – perguntei.

– Talvez você possa chamá-lo assim; entretanto, esse não é o nome mais apropriado. Mas atente bem para o que ocorrerá. Você poderá extrair algumas lições proveitosas.

Olhei mais detidamente e vi que o homem, o pai de santo, tinha nas mãos um sapo de cor muito estranha. Enquanto isso, as pessoas que faziam o círculo em torno dele pareciam rezar numa língua desconhecida para mim. Só pude entender o que faziam porque seus pensamentos falavam mais alto que suas palavras.

De repente o homem no centro do círculo fez um sinal com a mão direita e todos se calaram.

– Venha aqui dentro – o pai de santo chamou alguém, que assistia a tudo, fora do círculo de iniciados.

– Venha aqui e vomite neste sapo toda a sua indignação e raiva.

O homem que adentrara o ambiente era um senhor de aproximadamente 40 anos de idade. Sua expressão fisionômica dizia a respeito do vulcão de emoções que era seu interior. Tomando o sapo nas mãos, parecia concentrar-se.

– Olhe bem, Ângelo – falou Pai João. Saía da cabeça e da região do estômago do homem uma rede negra de fluidos densos, que se entrelaçava com a energia mórbida exalada das narinas e da boca do pai de santo. A cena era horripilante. Vovó Catarina tocou-me de leve e elucidou:

– Repare, Ângelo, que os dois homens estão em processo evidente de magnetização do sapo, que, neste caso, serve como condensador energético.

– Quem você quer prejudicar? – instigava o pai de santo. – Diga, com toda a raiva que está guardada dentro de você...

– Meu patrão! Aquele miserável! – respondeu aquele senhor.

– Qual é o nome dele? Fale e descarregue todo o ódio que é capaz... – o pai de santo era dotado de imensa força mental.

– Alberto Nogueira! – O homem estava desfigurado, mas as vibrações que emitia eram ainda mais assustadoras.

Desta vez foi Pai João quem explicou:

– O ódio acumulado pelo infeliz companheiro contra seu patrão será transformado e condensado na estrutura energética do sapo. Aliás, como sabemos, o sapo é uma espécie que sobrevive nos pântanos, charcos e lamas. Portanto, nutre-se e exala uma espécie de fluido mórbido, extraído dos locais e da podridão onde vive. A utilização desse animal não é aleatória: é o preferido dos magos negros encarnados para a realização deste tipo de imantação magnética, que, por si só, é abominável. Aliado à notável capacidade mental e anímica do pai de santo, que serve de médium, o ódio do homem que pede a vingança é transformado em pura vibração magnética. O sapo acumula a energia inferior exalada por ambos. Neste caso, nosso irmão Alberto Nogueira, para o qual se destina o encantamento, se transforma naquilo que chamamos de endereço vibratório. Ele é o alvo da trama diabólica.

Após a magnetização, ambos saíram do cômodo privativo. Poucos, entre os presentes, tinham conhecimento acerca do que se passara ali dentro; parece que somente alguns mais chegados ao feiticeiro sabiam de suas artimanhas. Aqueles que dançavam e cantavam para os orixás não imaginavam que, por trás de toda a opulência e da aparência rica das festividades, delineava-se, naquela mesma noite, uma trama de graves consequências.

– Nosso irmão magnetizador – falou Pai João – tenta ignorar as leis de causa e efeito e acredita que ele próprio está acima dessa lei. A chamada lei de retorno vibratório fatalmente fará com que ambos recebam de volta uma determinada cota de energia, de padrão idêntico à que foi manipulada aqui, esta noite. Tudo o que emitimos a partir de nossa mente, seja bom ou mal, beneficia ou maltrata a nós próprios. Vejamos agora, Ângelo, o que sucede no plano astral com relação aos fluidos aglutinados em torno do sapo, que, como dissemos, é o condensador das energias vibradas neste episódio infeliz.

Saímos todos do terreno correspondente àquela casa, no plano físico, e flutuamos para uma região acima do ambiente. Observei os fluidos que envolviam o local, que poderia ser identificado como a área de abrangência astral daquele terreiro. Estavam como que em ebulição. Havia um mar de fluidos de cores cinza e verde – uma estranha mistura –, que se aglutinavam, formando uma duplicata dos apetrechos utilizados, no barracão, pelo homem que fizera o feitiço. Vovó Catarina pediu para fixar mais a atenção, e assim procedi.

Notei que a duplicata astral dos objetos magnetizados irradiava uma estranha substância em torno de si, uma névoa de matéria ectoplásmica. Pai João esclareceu:

– Toda vez que alguém faz determinada manipulação magnética utilizando objetos materiais e concentrando neles sua energia mental e emocional, forma-se imediatamente, no ambiente astral, uma duplicata etérica para a qual são transferidas as energias acumuladas, como você pode perceber. Na verdade, meu filho, o objeto material utilizado no ritual tem pouca importância. Ele é apenas um acumulador; portanto, funciona como uma muleta psíquica, que auxilia a mente na criação da duplicata etérica. Nessa duplicata é que reside todo o conteúdo energético e emocional, que, a partir de então, gravitará em torno do indivíduo visado, a que denominamos *endereço vibratório.*

A visão simultânea daquilo que o preto-velho relatava era aterradora. Ele prosseguia:

– O duplo astral, irradiando permanentemente energia inferior, terá uma vida real, embora estruturada nas vibrações próprias do ambiente astralino. A duração de sua existência será proporcional à vontade do magnetizador, à sua disciplina mental firme e persistente, bem como ao conteúdo emocional emitido na hora do encantamento e mantido posteriormente. Essa energia ficará suspensa em torno do endereço vibratório, ou seja, da pessoa que se deseja prejudicar, até que ofereça condição favorável para que os fluidos mórbidos sejam por ela absorvidos. A aura da pessoa enfeitiçada ou visada pelo processo obsessivo sentirá o impacto violento das vibrações como danos mais ou menos profundos, de acordo com a sensibilidade do indivíduo e a força geradora do principio mórbido.

– E quais condições favoreceriam a descida vibratória do fluido mórbido para o indivíduo em questão?

– Naturalmente temos que considerar as defesas psíquicas de cada um, a vibração ou sintonia individual. Por outro lado, as pessoas em geral estão sujeitas a estados psíquicos e emocionais muito oscilantes em seu dia a dia. A depressão, a angústia, as fobias e mesmo os comportamentos ditos desregrados, aos quais os indivíduos por vezes se entregam, fazem com que haja um rebaixamento vibratório, que favorece a absorção do morbofluido. No instante em que há essa abertura, o cúmulo energético ou borrão astral de energias densas, contagiosas e demais elementos infecciosos é despejado sobre a aura ou campo magnético individual. A tela atômica ou etérica do indivíduo, estrutura que se localiza entre o duplo etérico e o perispírito e é responsável pela defesa psíquica e imunológica, literalmente se rasga e é afetada. É muito semelhante ao que ocorre com a camada de ozônio em torno da Terra, em resposta às agressões ambientais; pode-se mesmo comparar essa película protetora que envolve o planeta com a tela etérica. Uma vez afetado o campo etérico pelas causas citadas, torna-se muito fácil que fluidos e energias infecciosas sejam absorvidos pela aura de qualquer pessoa.

– E durante quanto tempo a duplicata astral gravitará em torno do campo mental do endereço vibratório, até que seja inteiramente absorvida?

– Por um tempo muito longo, às vezes. Há casos em que o encantamento ou enfeitiçamento foi feito há séculos, e somente na presente encarnação é que a duplicata astral despeja seu conteúdo mórbido na aura do endereço vibratório. Magos negros do antigo Egito ou da Mesopotâmia, ou de povos mais antigos ainda, desenvolveram uma capacidade espantosa de estruturar duplicatas astrais com seu magnetismo. São criações mentais tão fortes e permanentes que, às vezes, têm duração de séculos, independentemente de as inteligências que as geraram já terem reencarnado várias vezes.

– Então essas energias poderão permanecer tanto tempo assim sem serem diluídas ou absorvidas pelos elementos da natureza astral?

– É verdade, Ângelo – anuiu o pai-velho. – Esses bolsões de energia mórbida ou, como dizem nossos irmãos esotéricos, essas egrégoras de vibração barôntica podem durar séculos sem ser consumidas ou desagregadas. Para citar um exemplo, que o fará compreender melhor, basta recordar o que ocorreu com as maldições dos faraós. Os magos egípcios, ou os anteriores a eles, que elaboraram as famosas pirâmides, criaram cúmulos energéticos conhecidos como maldições pela crença popular. Quando os desbravadores e arqueólogos adentraram as câmaras mortuárias, já no século XX, detonaram o conteúdo das duplicatas astrais mantidas naquele ambiente durante séculos e milênios. Um a um foram apresentando enfermidades e mortes consideradas misteriosas. O fluido nocivo acumulado nas próprias pirâmides se esgotou por completo nas auras dos primeiros visitantes. A história registra os fatos, muitas vezes, sem alcançar a explicação das causas e das leis que regulam as ocorrências.

– E como se faz então para desmanchar o tal enfeitiçamento ou destruir a causa geradora de todo esse mal, Pai João? Basta ao indivíduo modificar sua intimidade e seus comportamentos?

– Não é tão simples assim, Ângelo, até porque a dita reforma íntima não é tão elementar, como querem alguns. Veja que muitas pessoas que procuram as casas espíritas e umbandistas são orientadas a fazer preces, tomar passes e modificar suas atitudes e padrões de comportamento. Mesmo assim procedendo, não melhoram. Por quê? Por qual razão essas pessoas passam anos e anos tratando-se em reuniões de desobsessão e não alcançam resultados satisfatórios? Será que isso se deve ao fato de que não se reformaram interiormente?

– Ou seja, será que fizeram sua parte no tratamento? – perguntei.

– Imagine que, no presente caso, o indivíduo se modifique, procure se esforçar para reformular suas tendências e seus comportamentos e siga direitinho as receitas prontas de santificação compulsória que vemos por aí. E, mesmo assim, como acontece repetidas vezes, não melhore. Diante de casos como esse – continuou Pai João – os dirigentes das reuniões mediúnicas e do centro comumente afirmam que o indivíduo não está fazendo sua parte. E pronto, está emitida a sentença. No fundo, no fundo, não é isso o que ocorre. De maneira geral, e lamentavelmente, os centros espíritas e agrupamentos mediúnicos não têm por hábito estudar os mecanismos da chamada magia negra, dos enfeitiçamentos e temas similares. Aliás, em diversos locais, é quase uma heresia falar sobre o assunto. Existem até espíritos, que se dizem mentores, que desconhecem a realidade dos feitiços. Aí pai-velho pergunta: de que adianta a tentativa de doutrinação das entidades envolvidas em casos semelhantes, se os médiuns desconhecem em absoluto os mecanismos da manipulação energética?

– Ainda que se tenha êxito, doutrinando-se o chamado obsessor, as duplicatas astrais permanecem ativas e, em muitas ocasiões, gravitando em torno de seus endereços vibratórios – concluí.

– Exatamente! – retomou o espírito amigo. – Com frequência, o obsidiado, como é conhecido no meio espírita e umbandista, está fazendo sua parte; contudo, não melhora. Será que esse fato não se deve à imaturidade do agrupamento mediúnico, que não conhece, não quer estudar e, portanto, torna-se incapaz de lidar com os casos classificados como obsessões complexas? É necessário aceitar que algo existe e que o desconhecemos, para haver modificação e capacitação. Há que abrir a mente para a realidade da magia negra e dos processos de manipulação energética.

O pai-velho fez uma breve pausa e voltou a comentar o assunto:

– Observando casos semelhantes, Ângelo, vemos que não há apenas o envolvimento de entidades consideradas simples obsessores. Existe a atuação de magos negros desencarnados ou encarnados e, em certas ocasiões, há até mesmo os encantamentos realizados no passado distante, como dissemos, cujas duplicatas astrais ainda não foram desativadas pela ação do tempo. Na presente encarnação, o indivíduo permanece sofrendo com a repercussão vibratória de algo que foi realizado em encarnações anteriores. Nos estudos de apometria, esse tipo de magia antiga com consequências atuais é conhecido como *arquepadia*.

"É, meu filho... – prosseguiu João Cobú. – Acreditamos que os médiuns da atualidade não se atualizaram. As trevas, meu filho, vêm se capacitando cada vez mais em sua metodologia de ação. Vemos hoje a união de antigos magos negros com cientistas desencarnados inescrupulosos, a desenvolver aparelhos parasitas. São os modernos acumuladores energéticos e mentais, que os cientistas das sombras implantam diretamente no sistema nervoso de suas vítimas."

– Como agir diante de tudo isso, Pai João?

– Infelizmente, em virtude da grande carga de preconceito reinante no meio espírita, os médiuns, submissos às orientações de seus dirigentes encarnados, não atualizam seus conhecimentos nem sua metodologia de desobsessão. Paralisaram-se nas intermináveis doutrinações; muitos deles desconhecem inclusive a existência e o funcionamento dos campos energéticos, que até a física quântica já revelou. Os campos de força, a complexidade da magia negra e a dinâmica de ação dos aparelhos parasitas são temas que deveriam estar na ordem do dia. Pretendem abordar magos das trevas e cientistas endurecidos, hábeis na manipulação da técnica astral, com palavras decoradas do Evangelho, sem conteúdo apreciável nem vivência real. Precisamos urgentemente atualizar a metodologia de trabalho em nossas reuniões ou continuaremos andando em círculo, num círculo fechado de pensamentos exclusivamente religiosos, distante, muito distante da ciência espírita, que é dinâmica e progressista.[4]

[4] "O que é bom para certa época pode tornar-se deficiente em época posterior. As necessidades variam com as épocas e com o desenvolvimento das ideias. Se não se quiser que com o tempo ela caia em desuso, ou que venha a ser postergada pelas ideias progressistas, será necessário se caminhe com essas ideias. Dá-se com as doutrinas filosóficas e com as sociedades particulares

– Nunca imaginei que por trás de processos obsessivos havia tanta ciência e tamanha complexidade.

– Pois é, meu filho – retornou Pai João. – A obsessão, segundo companheiro de elevada estirpe espiritual, constitui-se no mal do século. Os campos de força de baixa vibração, a implantação de aparelhos parasitas, as arquepadias, assuntos tratados nos estudos de apometria, são apenas alguns pontos que merecem mais atenção. Há, ainda, as síndromes de ressonância com o passado, que se referem a conflitos pregressos que emergem na presente encarnação, causando sérios prejuízos. No que tange à constituição fisioastral do ser humano, muitas dificuldades estão além dos processos de obsessão simples, fascinação e subjugação, apontados por Kardec e conhecidos no movimento espírita em geral. Imagine que o próprio Codificador, insigne representante das forças superiores, negou a existência da possessão, que foi admitida por ele mais tarde, ainda encarnado.[5] De lá para cá, transcorreram mais de 140 anos. O progresso material em todas as áreas foi notável, sem precedentes. Por que haveria de ser diferente com a metodologia das trevas? Como

o que acontece em política e em religião: acompanhar ou não o movimento propulsivo é uma questão de vida ou de morte. No caso de que aqui se trata [o futuro do espiritismo], fora grave erro acorrentar o futuro por meio de uma regra que se declarasse inflexível" (Constituição do espiritismo. In: KARDEC. *Obras póstumas*. Tradução de Guillon Ribeiro. 1ª ed. esp. Rio de Janeiro: FEB, 2005. p. 439-440, § VII).

5 "Para nós, a possessão seria um sinônimo de subjugação. Se não adotamos esse termo, foi (...) porque pressupõe igualmente a ideia de tomada de posse do corpo por um Espírito estranho, uma espécie de coabitação, *quando só há constrangimento*. A palavra *subjugação* traduz perfeitamente esse pensamento. Dessa forma, para nós, não existem *possessos* no sentido vulgar do termo, mas tão somente *obsediados*, *subjugados* e *fascinados*" (KARDEC. *Revista*

eu disse antes, as trevas atualizaram seus mecanismos e métodos de influenciação. Precisamos estimular nossos irmãos espíritas ao estudo científico e despreconceituoso. No capítulo das obsessões complexas, como esse caso que estudamos, é preciso especialização, pesquisa e dedicação ao desenvolvimento dos poderes da mente, da vontade e de uma disciplina mental firme e vigorosa.

– Eu gostaria muito de observar como esses trabalhos de magia e outros semelhantes são desfeitos, ou mesmo presenciar a ação de grupos mediúnicos para a libertação das pessoas envolvidas nas chamadas obsessões complexas.

– Tenha calma, Ângelo – disse Vovó Catarina, enquanto eu notava o silêncio eloquente de Wallace, que a tudo examinava atentamente. – Você terá sua oportunidade, mas, agora, convém que observemos outros detalhes interessantes e que servirão para seus estudos. Visitaremos outro local que certamente despertará sua curiosidade.

Será que haveria algo mais que eu não havia presenciado? Imaginei que tudo aquilo que vira junto dos companheiros espirituais fora uma carga enorme de conhecimento, que, definitivamente, levaria muito tempo para digerir. E ainda havia mais...

Entretanto, o espírito do jornalista estava ativo dentro de mim. A curiosidade, própria do pesquisador, deixou-me alerta. Os acontecimentos se precipitaram.

espírita. Op. cit. v. I, dez. 1858, p. 407. Primeiro grifo nosso). "Dissemos que não havia possessos no sentido vulgar do termo, mas subjugados. Queremos reconsiderar esta asserção, posta de maneira um tanto absoluta, já que agora nos é demonstrado que pode haver verdadeira possessão, isto é, *substituição, embora parcial, de um Espírito encarnado por um Espírito errante*" (Ibidem, dez. 1863, p. 499. Grifo nosso).

11

A TÉCNICA DA SOMBRA

Se nos reportarmos ao nosso primeiro artigo sobre a teoria da obsessão, contida em O livro dos médiuns, *e aos fatos relatados [nesta]* Revista, *veremos que a ação dos Espíritos maus, sobre os indivíduos de que se apoderam, apresenta nuanças de intensidade e duração extremamente variadas, conforme o grau de malignidade e perversidade do Espírito e, também, de acordo com o estado moral da pessoa que lhes dá acesso mais ou menos fácil.*

ALLAN KARDEC,
Estudo sobre os possessos de Morzine (artigo II)[1]

[1] In: KARDEC. Ibidem, v. VI, jan. 1863, p. 16.

NOSSA PEQUENA caravana deixou para trás aquele campo de trabalho, onde as vigorosas energias desencadeadas puderam ser de grande valia para o estudo e a meditação de todos nós.

Meus pensamentos fervilhavam em meu cérebro perispiritual, enquanto fazia anotações e rabiscava algumas observações para transmiti-las aos amigos encarnados no momento oportuno. Era noite ainda, quando deslizávamos na atmosfera absorvendo o ar refrescante. Desta vez eu não sabia para onde estávamos indo. Pai João, Vovó Catarina, Wallace e eu, juntamente com os guardiões que nos assessoravam, nos dirigíamos a um local que somente as entidades que se apresentavam como pretos-velhos conheciam. Pai João e Vovó Catarina entoavam uma música diferente; à medida que cantavam, os fluidos atmosféricos vibravam de maneira peculiar, ao mesmo tempo em que eram atraídos pelas auras desses companheiros abnegados:

Aruanda é longe,
E ninguém vai lá...
É só os pretos-velhos
Que vai lá e torna a voltar.

Wallace saiu de seu silêncio com lágrimas nos olhos e disse:

– Nossos amigos entoam o chamado *ponto de Aruanda*. É uma evocação das falanges espirituais às quais pertencem. Os fluidos que se aglutinam em suas auras e nas nossas, enquanto eles entoam seu ponto de firmeza, são elementos vibratórios enviados das comunidades espirituais do Mais Alto. Ao entoarem a cantiga de Aruanda, suas mentes projetam vibrações intensas e poderosas, e assim se estabelece uma ponte entre nós e as comunidades elevadas do plano espiritual.

Notei que milhares de filamentos dourados pareciam flutuar à nossa volta. Eram minúsculos, quase microscópicos, no entanto somavam-se uns aos outros. Brilhavam intensamente em torno de nós e formavam uma rede finíssima, que irradiava de cada um de seus filamentos uma luminosidade suave e agradável, inspirando-nos serenidade, refazendo nossas energias.

– Permanecemos muito tempo sob o impacto das vibrações inferiores, Ângelo – falou Wallace. – Precisamos nos expor, em virtude das necessidades de estudo e aprendizado, porém não podemos descuidar da importância de nos retemperar nas vibrações benfazejas. A música cantada pelos pretos-velhos estabelece uma ponte que nos liga àqueles espíritos que nos tutelam, do Alto. Faz vibrar o ambiente astralino no qual nos movimentamos, que repercute diante das ondas superiores evocadas com coração, e atrai os riquíssimos elementos de energia dispersos na natureza e condensados pelos elementais. A música ou a cantiga, como no caso dos pontos dos pretos-velhos, eleva a vibração e reequilibra nossos pensamentos, muitas vezes vacilantes, produzindo harmonia em torno de nós.

Com efeito, eu respirava mais aliviado. Após uma pausa ligeira, Wallace prosseguiu:

– É pena que muitos amigos encarnados desconheçam o poder da alegria, da música e dos cânticos de ordem elevada, pois, do contrário, estimulariam as pessoas a cantarem mais nas casas espíritas. Diversas vezes, as reuniões se assemelham a procissão de velório, tal o silêncio constrangedor e enganador.

– Não entendi sua classificação de silêncio enganador – comentei.

– Falo da cultura que se propagou em muitas casas espíritas, nas quais com frequência observamos uma placa com os dizeres: "Silêncio é prece". As pessoas costumam chegar aos templos religiosos, assentar-se próximo umas às outras, baixar a cabeça e silenciar a boca, manifestando um aspecto de equilíbrio. Ledo engano. O campo mental está um verdadeiro tumulto, uma algazarra, e o silêncio é apenas da boca para fora. Seria muito mais produtivo se utilizassem o verbo abençoado para cantar, liberando emoções saudáveis e estimulando a alegria, a jovialidade. Empregariam, assim, a força de seu pensamento em algo construtivo, visando ao bem-estar comum; isso, sim, prepararia realmente as pessoas, deixando-as receptivas à palavra do Evangelho. A música alegre e elevada estimula a mente para criações mentais superiores e suaviza emoções conturbadas.

O ambiente espiritual em torno de nós, àquela altura, era bastante agradável, mesmo em meio à região do astral onde nos encontrávamos. Wallace continuava nossa conversa animado:

– É tanto silêncio em determinadas reuniões espíritas que muita gente dorme no assento e, como se não bastasse o vexame, afirma depois que estava desdobrada. Acordam em meio à palestra e interpretam a saliva que lhes escorre pela boca como sendo ectoplasma! Roncam, outras vezes gritam mentalmente. Então, podemos verificar que silêncio, pura e simplesmente, nunca foi prece. O silêncio de muitas pessoas é eloquência mental. Gritam de forma ensurdecedora enquanto permanecem com as bocas fechadas. Enfim, Ângelo, precisamos da música de Aruanda em nossas casas espíritas; a música alegre e efusiva, entoada com coração.

– Acontece que, até onde sei, grande parte das casas proíbe o cantar em suas dependências, mesmo da música que eleva...

– É claro que isso ocorre com inúmeras casas espíritas. Todavia, isso se deve principalmente a seus respectivos dirigentes, que já perderam a alegria e o estímulo de viver. Muitos se comportam como museus ambulantes, cabisbaixos, sérios, isto é, ranzinzas, soturnos e mal-humorados. Intentam projetar seu estado íntimo no ambiente das casas que coordenam, e, para justificar essa atitude infeliz, vale até dizer que não se pode cantar ou conversar por ordem dos mentores. Se há mentores assim taciturnos, precisam é de muita prece e terapia...

– É, tem cada coisa acontecendo por aí em nome do equilíbrio e da disciplina...

– Cada casa espírita ou espiritualista é o reflexo de seu dirigente, está aí uma realidade que não podemos negar. Se o coordenador ou a diretoria da instituição se caracteriza pela morosidade, pela atitude conservadora e antiprogressista, não gosta de estudar nem as bases deixadas por Kardec, fatalmente veremos um centro espírita imerso na escuridão, com um ambiente sob enganosa penumbra, tons de cinza nas paredes e no sorriso desbotado de muitos, aliás, geralmente poucos voluntários. Falta alegria e satisfação em servir, e toda mudança que possa arejar os velhos hábitos é *a priori* rejeitada.

– Por outro lado...

– Por outro lado, caso os dirigentes se caracterizem pela jovialidade, espontaneidade e alegria e sejam dados ao estudo, estimuladores do progresso espiritual, certamente presenciaremos uma reunião efusiva, descontraída, um ambiente bem iluminado por lâmpadas, sorrisos e vibrações elevadas. As cores dessa casa refletirão o estado íntimo de seus dirigentes e frequentadores, primando pela leveza e pelo bom humor. Portanto, Ângelo, por sermos adeptos fervorosos da interpretação espírita codificada por Allan Kardec, não precisamos abdicar de aprender a cantar com os pretos-velhos ou de deixar a alegria extravasar de nosso interior, celebrando a oportunidade de aprender com as leis da vida.

Sob a vibração das cantigas dos companheiros de Aruanda, nos aproximamos vibratoriamente de uma região inóspita, que se localizava geograficamente além da zona rural que visitáramos instantes atrás. Deslizando sob os fluidos atmosféricos, descemos até a superfície da Crosta, e pude então observar direito o lugar. Era uma região montanhosa com muita vegetação ao redor. Observei que havia uma gruta incrustada na montanha, disfarçada sob as trepadeiras e outras plantas que lhe obstruíam o acesso. Vovó Catarina, apontando na direção da gruta, convidou-nos a entrar.

– Precisamos permanecer atentos, sem nos dispersar – falou Catarina. – Observaremos sem sermos percebidos. Não pensem que poderão interferir naquilo que verão por aqui. Mais tarde, após as observações, e no momento oportuno, teremos chance de auxiliar.

Pai João chegou perto de mim e de Wallace, estendeu

as mãos e, estalando os dedos em torno de nós, ajudou-nos na modificação da aparência perispiritual. Notei que tanto eu quanto Wallace ficamos mais densos vibratoriamente, e nossos perispíritos pareciam mais opacos, semelhantes a corpos físicos, eu diria.

– Precisamos adequar nossas vibrações à região que iremos penetrar – elucidou Catarina.

Iniciamos a descida pelas entranhas da Terra. Tivemos que andar entre as pedras, uma vez que a levitação se tornara difícil. O local por onde passávamos assemelhava-se a um túnel, que nos levava cada vez mais para as profundezas. Sempre precedidos pelos guardiões, que abriam caminho em meio aos fluidos densos, estávamos geograficamente no interior da Serra do Itatiaia, no estado do Rio de Janeiro.

Aos poucos o aspecto do local se modificava, até surgir uma enorme gruta ligeiramente iluminada, com muitas estalactites e estalagmites como decoração do ambiente estranho. Abaixo de nós, em meio ao lusco-fusco que emprestava àquele recanto sombrio uma aparência fantasmagórica, descortinava-se um imenso laboratório.

De um lado, a aparelhagem sofisticada, que não combinava com a rudeza do local. Fiquei admirado com a tecnologia avançada, só comparável, talvez, no âmbito da realidade física, aos grandes laboratórios de nanotecnologia, bastante raros. Imagens tridimensionais representando corpos humanos eram projetadas a partir de equipamentos equivalentes a computadores, estruturados na matéria plasmática do mundo astral. Espíritos iam e vinham em silêncio tão sorumbático e profundo que a mim isso pareceu um estranho ritual.

Do outro lado do ambiente, a situação era outra. Ocupados em desenvolver seu trabalho, que se afigurava minucioso, outros espíritos dedicavam-se à manipulação de diversas aparelhagens, cuja especificidade não me permitiu identificá-las de imediato.

Catarina nos apontou uma abertura na rocha, que deveria servir como porta. Para lá nos encaminhamos e adentramos outro ambiente, que fazia lembrar uma enfermaria, equipada com instrumentos os mais diversos e aos quais não pude associar nenhuma utilidade. É claro, eu jamais vira algo parecido quando encarnado, e, portanto, não havia como estabelecer comparação.

João Cobú e Catarina nos conduziram a um recanto afastado daquela sala incrustada nas rochas. Deitado dentro de uma cápsula de grandes proporções, havia um espírito que parecia semilúcido, com aparência estranha. No interior do receptáculo, apreciável quantidade de fios saía de sua cabeça, porém sem prosseguir além de um metro de distância. A cápsula que abrigava o espírito estava ligada, também por fios, ao computador que víramos no outro ambiente.

Pai João foi quem nos socorreu com sua explicação:

– Estamos num laboratório, meu filho – falou pausadamente. – Creio que você pode imaginar o que se passa por aqui. Cientistas com objetivos sombrios se encontram neste recanto, encoberto pelas rochas e cavernas, e armam as bases de suas operações. Desenvolvem aqui uma tecnologia diabólica, já que têm à disposição a força mental e o tipo de matéria fluídica necessária, abundante no plano astral. De posse desses elementos, tudo fica mais fácil na execução de seus planejamentos. Criam *chips*, implantes e outros tipos de aparelhos microscópicos, que poderão ser utilizados para atender a diversas solicitações, envolvendo processos obsessivos complexos. A tônica de grande parte dos aparelhos é sua atuação no sistema nervoso de suas vítimas, onde despejam, ou melhor, minam uma carga tóxica ou fluido mórbido, em caráter mais ou menos regular. Outros são implantados no duplo etérico, a partir do qual determinam o colapso das energias vitais de seus hospedeiros. Há ainda modelos destinados a implantes no perispírito de suas cobaias, os quais podem levar ao coma e, em casos mais graves e duradouros, ao desencarne de suas vítimas.

– E o espírito que parece semiacordado, prisioneiro desta cápsula?

– Nosso irmão é alguém que se comprometeu imensamente com as leis da vida. Abriu campo mental e entrou em sintonia com as forças destrutivas dos magos negros. Tais espíritos diabólicos provocaram o colapso do sistema nervoso de nosso irmão, que, sem conseguir opor resistência à irradiação mental dos magos das trevas, entrou em coma após apresentar quadro clínico de difícil solução para a medicina dos homens. Hoje ele está desprendido do corpo, que repousa no leito do hospital, onde se encontra internado há muitos dias.

– E o que ele, como espírito, faz aqui?

– Os magos negros arrastaram seu espírito para esta caverna e o confiaram aos cientistas desencarnados que aqui trabalham. Enquanto seu corpo está em coma, o espírito permanece prisioneiro de potente campo de força. Observe com atenção.

Fixei o olhar em torno do espírito prisioneiro e pude ver uma estranha cintilação, formando uma camada tênue, de aparência oval, envolvendo-o. Vovó Catarina, tomando a palavra, explicou:

– O campo de força do qual se encontra cativo foi elaborado com energia de baixíssima frequência vibratória; nosso irmão está sob intensa influência hipnótica dos chamados cientistas das trevas. Após a lavagem cerebral à qual está sendo submetido, será a vez das entidades diabólicas implantarem um *chip* em seu perispírito, dando desfecho ao trabalho iniciado pelos magos.

– E qual o objetivo de tudo isso? Como o infeliz companheiro se sentirá após o implante?

– Propositadamente, seu corpo físico não morrerá de imediato. O planejamento das entidades é levá-lo de volta ao corpo, despertando-o do coma. Após todo o processo realizado aqui, ele se comportará como uma marionete nas mãos de seus obsessores. Temos comparecido aqui regularmente para observar mais de perto este caso, mas acreditamos que somente agora a oportunidade de libertação está surgindo para este irmão.

– Então ele tem mérito para isso? Ou seja, ele fez por merecer o auxílio do Alto, não é isso?

– Não é exatamente isso que se passa, Ângelo. Não é por causa de seus próprios méritos que ele será socorrido. Ele será beneficiado devido aos méritos de outra pessoa; portanto, roguemos a misericórdia de Deus para este filho.

– Não entendi aonde quer chegar com sua explicação – obtemperei.

– Bem, meu filho, as entidades que provocaram o coma de nosso irmão e o transferiram para esta base abaixo da superfície têm um objetivo bem mais amplo que simplesmente prejudicá-lo.

– Exatamente – continuou Catarina, após a fala de Pai João. – Temos acompanhado há algum tempo este caso e descobrimos que o indivíduo que aqui se encontra prisioneiro mantém ligação muito intensa com determinado médium, que desempenha trabalho importante junto ao Mundo Maior. Como as entidades malévolas não conseguiram influenciar diretamente o médium, apesar de todas as investidas e dificuldades desencadeadas em sua vida, imagine o que planejaram.

– Sei! Intentam agora, prejudicando este espírito, afetar o trabalho do médium do qual vocês falaram.

– Precisamente – prosseguiu a preta-velha. – Contudo, ainda há mais coisa por trás disso tudo. Querem transformar o infeliz, depois de retirá-lo do coma, em médium de seus desmandos. Por isso o intenso processo de hipnose e o implante do aparelho parasita em seu perispírito. Uma vez submetido ao poder das entidades perversas, será conduzido à mesma casa espírita onde trabalha o referido médium. A partir daí, o aparelho parasita entraria em ação, projetando imagens de espíritos e ambientes extrafísicos na mente do infeliz. Fascinado com a "mediunidade" que despontaria exuberantemente, ele investiria no domínio sobre todo o agrupamento. Afetaria e comprometeria a tarefa original, programada para o outro companheiro, que detém a verdadeira responsabilidade sobre a comunidade espírita à qual está vinculado. Após acordar do coma, o plano dos magos e cientistas é conduzi-lo à presença de companheiros espíritas, que o verão como médium em potencial, embora esteja apenas vendo e ouvindo imagens e mensagens previamente implantadas em seu espírito.

– Meu Deus! – exclamei, atônito. – Nunca imaginaria que isso fosse possível.

– Isso ocorre com mais frequência do que você imagina, meu filho – tornou Pai João. – Nós, os pretos-velhos, que nos especializamos na manipulação de ectoplasma, podemos penetrar nestas bases dos subplanos do astral e impedir que tais situações sejam levadas a efeito. Por isso nossa atuação tão intensa no astral. Mas não nos detenhamos por aqui. É preciso compreender o significado disso tudo a fim de auxiliar com precisão e assertividade.

– Há porventura alguma semelhança entre os processos de enfeitiçamento, que presenciamos anteriormente, e o emprego de aparelhos parasitas, como os que aqui são criados pelos espíritos cientistas?

– Embora o uso da técnica ou da nanotecnologia astral, a essência do processo é a mesma, meu filho. Tanto quanto o sapo e os demais répteis, ou ainda os diversificados objetos utilizados na feitiçaria, os aparelhos parasitas se constituem em potentes armazenadores de energia. São transformadores ou acumuladores da intensa força psíquica desencadeada pelos criminosos contra as vítimas de sua agressão. Contudo, há que se observar algo de particular quanto à execução do processo em si. No caso específico dos aparelhos, *chips* e outros aparatos, produto da tecnologia astralina, não há um correspondente físico, o que lhes confere certo diferencial estratégico, digamos assim, devido a sua discrição. São instrumentos manipulados diretamente na matéria astral, de acordo com os desenhos e o planejamento de seus construtores infelizes.

– Não posso compreender, Pai João, a motivação de espíritos como esses, que se prestam voluntariamente ao desenvolvimento dessa avançada técnica do lado de cá, somente para prejudicar, impedir o progresso, o bem...

– Como não, meu filho? Na Terra não vemos se multiplicar a indústria do aborto, das drogas ou dos medicamentos manipulados por hábeis homens de ciência, que se vendem em troca do vil metal? Porventura não são cientistas, médicos, químicos e outros especialistas que desenvolvem os produtos utilizados nas guerras químicas e biológicas, para atender aos interesses egoístas de personalidades influentes e governantes mesquinhos? Transpostos para a dimensão astral, do lado de cá prosseguem em seu projeto abominável. São marionetes inconscientes na mão de inteligências desencarnadas, cujos objetivos insuspeitos ainda vão além daqueles cultivados por eles e seus comparsas encarnados. Na verdade, é como uma teia, ou uma rede inescrupulosa de domínio e subjugação: quem submete um grupo se acha em posição de vantagem, mas, cego em virtude de seu orgulho, não percebe que está atendendo aos interesses de outros mais capazes, e assim sucessivamente.

– Compreendo...

– Portanto, o que vemos aqui também pode ser classificado como magia, se considerarmos que, no processo de obsessão complexa, isto é, com o emprego de aparelhos parasitas, também ocorre a manipulação magnética e ectoplásmica que caracteriza a magia negra. Desse modo, pode-se afirmar que a diferença está na forma exterior, no método, pois os objetivos e princípios aqui aplicados são os mesmos.

– Pai João, se pudéssemos fazer uma sinopse desses intricados processos de influenciação, poderíamos...

– Vamos por parte, meu filho – interrompeu-me o preto-velho. – Por ora, examinemos os elementos presentes nesta história. De um lado, temos a magia primitiva dos magos das trevas encarnados. Do outro, na dimensão astral, a força mental disciplinada, a vontade firme dos magos negros, cujo poder lhes foi conferido em anos e anos de preparação nos templos iniciáticos. Em épocas remotas, locais como Lemúria, Atlântida, Pérsia, Babilônia, entre outros reinos e nações, foram palco para a iniciação espiritual de tais magos, que receberam o conhecimento e os paramentos de que dispõem. Muitos deles, reencarnados no presente, são os médiuns que utilizam sua técnica e bagagem espiritual para os nobres propósitos do bem. Outros, no entanto, permanecem ainda reféns de seus instintos e paixões, sobretudo da ambição de domínio, e do lado de cá tratam de perpetuar as investidas do mal contra as obras da civilização.

– E os cientistas, Pai João, em que momento se integram a essa história trágica?

– Os cientistas dedicados ao mal, em existências físicas mais recentes, aperfeiçoaram seus conhecimentos e aliaram novas tecnologias às velhas técnicas de magia, embora muito distantes do senso ético cristão, cósmico, que define a atividade espiritual superior. Geralmente, também foram magos e iniciados do passado.

– Diante de tudo isso, pergunto: será que os centros espíritas e umbandistas estão preparados para enfrentar espíritos assim, com seus modernos métodos de influenciação?

– Pergunta delicada, meu filho – iniciou Pai João. – É claro que a metodologia utilizada no movimento espírita funciona para diversos tipos de obsessão. Também não menosprezamos os procedimentos umbandistas ou esotéricos, com seus rituais sagrados, símbolos e axés. No entanto, para solucionar a problemática das pessoas afetadas pelas síndromes oriundas de obsessões complexas, como a dos aparelhos parasitas ou da repercussão vibratória de encantamentos e enfeitiçamentos realizados no passado remoto, assim como para enfrentar a ação destruidora das energias elementais, utilizadas pelos magos das trevas, a metodologia consagrada é ineficaz.

"Temos que convir que tanto a simples doutrinação das mesas kardecistas, aliada aos passes, quanto as defumações, os ebós, as oferendas e os rituais da umbanda não são suficientes para debelar os prejuízos causados. É preciso, como dissemos antes, atualizar o método de trabalho e o conhecimento, equipar-se e equipar os médiuns com a vivência da ética espiritual e cósmica.

"Em razão disso, e com o objetivo de auxiliar nossos irmãos que se esforçam com a metodologia espírita ou os trabalhos umbandistas, é que o Alto permitiu as descobertas e os esclarecimentos que as leis da apometria[2] trouxeram.

[2] Cf. AZEVEDO, J. Lacerda. *Espírito/matéria*. 8ª ed. rev. atual. Porto Alegre: Casa

Para o momento histórico que atravessa o planeta, a apometria é um recurso muito precioso, expressão da misericórdia daqueles que nos dirigem.

"É urgente dar mais vida e mais ação às reuniões monótonas de muitos centros espíritas, destituídas de vitalidade, sem a tentativa de umbandizá-las ou criar rituais exóticos e conflitantes com as práticas indicadas por Kardec. Também é crucial que os médiuns umbandistas se dediquem mais ao estudo, aperfeiçoando sua metodologia, e purifiquem a umbanda, extinguindo as reminiscências dos rituais africanos. Redescobrindo a *aumbandhã* como lei maior, a umbanda se aproxima cada vez mais dos sagrados objetivos para os quais foi inspirada, na terra abençoada do Cruzeiro.

"É preciso desafricanizar a umbanda e, em ambas as filosofias – espiritismo e umbanda –, incentivar as expressões de espiritualidade; cada qual guardando seus métodos próprios, avançarão sem se confundirem, sem haver fusão entre si. É fundamental que os espíritas compreendam que não se faz necessário espiritizar a umbanda e que os umbandistas saibam e entendam: não é preciso umbandizar ou ritualizar o espiritismo. Os médiuns e dirigentes umbandistas e espíritas trabalham todos sob a tutela da espiritualidade superior, cada um a sua maneira e com público-alvo distinto.

"Do lado de cá da vida, não temos departamentos nem escolas iniciáticas separadas pela preferência religiosa. Não há um departamento católico, outro espírita, umbandista ou evangélico. Os espíritos esclarecidos, que trabalham sob a orientação maior para a evolução do planeta, já estão além dos títulos e das preferências religiosas, bem como da arrogância de muitos religiosos.

"Para o enfrentamento da problemática obsessiva, com

do Jardim, 2005. p. 165-190.

suas síndromes complexas, é essencial compreender, sobretudo, que a religião do amor está acima da religiosidade; que a espiritualidade de caráter universalista e cósmico está acima da atitude denominacional, partidarista, exclusivista ou sectarista, tão comum à ortodoxia dos movimentos espírita e umbandista. A palavra de ordem, como costumo repetir, é *fraternidade*: união sem fusão, distinção sem separação.

"Compreendendo isso, que os irmãos espíritas, umbandistas e esotéricos se dediquem à investigação do psiquismo, à especialização das pesquisas mediúnicas e à aquisição de conhecimento. Urge ressuscitar no movimento espírita atual o gênio pesquisador, destemido e progressista de Allan Kardec, Gabriel Delanne[3] e tantos outros espíritas afeiçoados às pesquisas e à ciência espiritual. Precisamos de homens e mulheres que não se detenham na sopa, nos caldos e nos passes reconfortantes, nas sonolentas e intermináveis reuniões de doutrinação religiosa ou na catequização improdutiva.

"Há que se ressuscitar o interesse pela pesquisa científica espírita séria, desprovida de pompa e de complicações, como Allan Kardec preconizou, viveu e exemplificou. Enfim, como diz um elevado amigo espiritual, é urgente *kardequizar* o movimento espírita. Sem isso não adiantam belas palestras, citando-se nomes de veneráveis mentores do progresso humano, ou palavras complexas de um vocabulário pretensamente erudito, que o povo não entende.

"Quanto aos amigos umbandistas, o momento pede

[3] Um dos principais continuadores de Kardec, ao lado de Camille Flammarion e Léon Denis, Gabriel Delanne (1857-1926) nasceu e morreu em Paris, onde escreveu mais de 10 obras que versam principalmente sobre o aspecto científico e experimental do espiritismo (fonte: <http://fr.wikipedia.org/wiki/Gabriel_Delanne>. Acesso em: 10 abr. 2011).

estudo e esclarecimento em profundidade. Muitos pais de santo, médiuns e dirigentes de terreiro têm intentado manter o povo na ignorância, utilizando mal certos conhecimentos iniciáticos e alimentando histórias mentirosas sobre guias e orixás. Que se busque esclarecer a respeito dos sagrados orixás cósmicos, evitando-se o medo, a ignorância e os abusos decorrentes da falta de conhecimento de médiuns e pais de santo. Quanto aos médiuns umbandistas, possam se dedicar mais ao estudo histórico das raízes sagradas da *aumbandhã*.

"Urge resgatar nas tendas umbandistas os ensinamentos sagrados do Caboclo das Sete Encruzilhadas, dados no início do movimento, restaurando assim o sentido verdadeiro da caridade despretensiosa, que não compactua com a cobrança nos trabalhos umbandistas. Também é preciso estimular o conhecimento, através do estudo de livros dos mestres da umbanda, sérios e de elevado padrão, como aqueles que contêm os ensinamentos trazidos pelo venerável Matta e Silva e seus iniciados.

"Nossos irmãos esotéricos, com sua ritualística, essencial para seus trabalhos, necessitam fortemente avançar para além das formas e despertar para a vivência que renova, eleva e purifica."

Pai João havia feito uma explanação bem mais extensa que a pretendida com minha pergunta, mas nem por isso menos proveitosa. Minha mente fervilhava, quando o indaguei novamente, a respeito das obsessões complexas:

– Pelo que posso entender, é preciso, antes de tudo, haver uma grande conscientização ao lidar e enfrentar entidades perversas como os magos negros, tecnicamente equipadas e com vasto conhecimento das leis do mundo astral. Não basta decorar um ou dois procedimentos; é algo que envolve mudança de paradigma, ou de método...

– Isso mesmo, meu filho. – prosseguiu o pai-velho. – Mesmo que o conhecimento da apometria capacite tecnicamente os centros e suas equipes mediúnicas a solucionar certos problemas ligados às obsessões complexas, sem conscientização e espírito de pesquisa a técnica falhará, cedo ou tarde. É preciso colocar coração, vida e motivação superior no trabalho; em outras palavras, amor. Sem isso, as campanhas do quilo e os passes espíritas ou os rituais e as benzeções da umbanda serão meras muletas psicológicas; práticas repetidas como se fossem fórmulas santificadoras, mas destituídas de eficácia.

Após as explicações de Pai João as ideias pareciam fluir de minha intimidade com mais intensidade. Havia muitas implicações relacionadas às questões sobre magia, magos negros e cientistas que se empenhavam em projetos com interesses egoístas. Comecei a fazer certas comparações e ligações entre tais peças – todas parte do mesmo xadrez cósmico e espiritual –, o que antes me despertaria o ceticismo, mas que agora revelava muita coerência. Todavia, faltava algo que desse sentido a tudo isso, isto é, ao processo obsessivo desenvolvido pelas entidades maldosas e suas motivações.

– Ainda me resta uma dúvida – resolvi perguntar. – Quando encarnados, os espíritos que engendram processos como o que vimos trocavam seus serviços e seu conhecimento por dinheiro e posições sociais, abdicando de qualquer escrúpulo com vistas a um retorno concreto, ao menos do ponto de vista material. Do lado de cá da vida, o que os motiva a continuar utilizando a técnica de que dispõem para promover o mal, se o dinheiro já não mais existe?

– Os interesses dos espíritos das sombras são diversos, meu filho. Depende muito do espírito envolvido no processo obsessivo, e esse fator é também importante na solução dos problemas. Há entidades que desejam apenas o domínio mental e emocional de suas vítimas. Outros espíritos, que são movidos pela vingança e não sabem atormentar seus desafetos da forma eficaz e diabólica como desejam, contratam entidades especializadas nisso: há autênticas agências de prestação desse tipo de serviço escuso em pleno funcionamento nas regiões do submundo astral. E não se pode esquecer os maiorais das sombras, que intentam atrapalhar e adiar o progresso da humanidade. Investem, para tanto, não nos homens individualmente; centram sua ação minuciosa em instituições e elementos-chave cuja atuação tenha por objetivo o progresso geral do mundo. O assunto é muito amplo e requer estudos mais detidos. No entanto, filho, precisamos agora socorrer este infeliz companheiro, cujo espírito está prisioneiro nesta base de operações das trevas.

Encerrando nossa conversa naquele momento, Pai João meneou a cabeça para Vovó Catarina, que sabia exatamente como proceder. Pedindo a mim e Wallace para permanecermos em prece, o preto-velho chamou um dos guardiões, aquele que se denominava Sete, pedindo sua ajuda.

O guardião imediatamente deixou o ambiente, retornando logo em seguida com mais espíritos, que lhe eram subordinados. Espalharam-se por toda a caverna na qual nos encontrávamos com enorme agilidade e destreza.

João Cobú frisou novamente que eu e Wallace deveríamos apenas acompanhar toda a ocorrência, auxiliando através da prece. O grosso do trabalho ficaria por conta dos pretos-velhos e guardiões, que a esta hora estavam munidos com armas que me pareciam lanças e tridentes elétricos, os quais utilizariam no momento propício.

Notei que os pretos-velhos Pai João e Vovó Catarina adensaram ainda mais sua aparência espiritual. Pensei, por um momento, que se tratasse de duas pessoas encarnadas. Sobretudo, o que me impressionou foi a maneira como procederam à liberação do companheiro sob o jugo das trevas: em lugar de utilizar a força mental, a qual eu não duvidava que possuíam, fizeram um trabalho manual, lento e dividido em etapas.

Desligaram primeiramente os aparelhos que mantinham a estranha cápsula-prisão ligada: eles literalmente arrancavam fios e desfaziam conexões com as próprias mãos. Sinceramente, cheguei a imaginar que, caso eu estivesse diante de outro espírito, que se considerasse de uma categoria diferente da dos pretos-velhos, provavelmente ele concentraria seu pensamento e toda aquela ligação de aparelhos seria desfeita. Mas não era assim que ocorria: os pretos-velhos "colocavam a mão na massa", como eu diria na Terra. Chocou-me também a lentidão do processo, além do trabalho, quase físico e braçal, bastante desgastante. Enquanto eu elaborava meus pensamentos, Wallace me socorreu com explicações:

– Não há como ser diferente, Ângelo – comentou discretamente. – Em casos como o que presenciamos, é necessário um trabalho assim, quase manual. A cápsula retém o espírito prisioneiro ao mesmo tempo em que absorve fluido vital, ectoplásmico, de seu corpo físico em coma. O brilho que você pode notar, ora expandindo-se, ora contraindo-se, é o fluido vital que está sendo canalizado, sugado e armazenado na cápsula. Para as entidades malévolas, o ectoplasma e o fluido vital dos encarnados possuem um valor bem maior que o dinheiro e o ouro para nossos irmãos da Terra. Na hipótese de as ligações da cápsula de retenção serem desfeitas sem o devido cuidado, certamente se romperiam os laços fluídicos do infeliz companheiro com o corpo físico, que, do coma, passaria à morte cerebral. Veja, meu amigo – ponderou Wallace – como é importante o trabalho dos pretos-velhos. Pacientes, detalhistas, não se importam em realizar sua tarefa de uma forma quase material. Com essa finalidade é que adensaram ainda mais seus corpos espirituais. A libertação de nosso irmão é iminente, mas o processo é mesmo lento, quase físico.

A partir da explicação de Wallace, conjugada com a ação que se desenrolava à minha frente, pude verificar como é único e valoroso o trabalho dos pretos-velhos e sua falange de colaboradores. Eles penetram nos antros virulentos do umbral ou, como no caso que presenciei, invadem as bases das sombras, transubstanciam seus corpos espirituais e manipulam a matéria e os fluidos astrais com maestria e extrema competência. Aliada a essa habilidade, guardam a sabedoria milenar que arquivaram em sua memória espiritual e, disfarçados na aparência perispiritual de pais-velhos, gozam de simplicidade e discrição. São, muitas vezes, antigos iniciados, sacerdotes ou hierofantes cujo passado está vinculado às remotas civilizações dos atlantes, egípcios, persas e outros mais. Contudo, preferem o trabalho anônimo a se revelarem em sua verdadeira feição espiritual; sem ostentar seus conhecimentos, camuflam-se na roupagem fluídica de um ancião negro.

Compreendi naquele instante o significado de uma expressão que ouvira certa vez, quando encarnado, na cidade do Rio de Janeiro: *mironga de preto-velho.* A expressão se referia ao grande segredo de pai-velho: sua evolução espiritual, que sabia dissimular muito bem com as palavras simples, o português coloquial e a roupagem perispiritual de mães e pais-velhos – todas elas características distantes do ideal de evolução presente no imaginário popular. Fui interrompido em meu raciocínio pelo nosso querido Pai João:

– A tarefa terminou por ora, meus filhos – asseverou calmamente. – Temos de conduzir nosso irmão a um centro espírita e deixá-lo repousando. Depois veremos como lidar com este laboratório.

– Não seria o caso de levar o espírito de volta ao corpo físico, acordando-o do transe?

– Não é tão simples assim, Ângelo – socorreu-me Vovó Catarina, que em seus braços trazia o espírito adormecido.

– Nosso irmão ainda está envolvido num potente campo de força, elaborado a partir de energias radioativas dos minerais do interior da Crosta, o qual o retém na inconsciência. Para desestruturá-lo, precisamos de nossos médiuns: a manipulação desse tipo de energia primária só é possível com o auxílio do psiquismo de encarnados. Portanto, meu filho, somente numa reunião mediúnica.

Saímos do local, e, quando transitávamos pelo outro ambiente do laboratório, notei que os guardiões, sob o comando do espírito Sete, estavam espalhados por toda a caverna na qual funcionava a base das sombras. Só então me dei conta de algo que julguei importante e urgente. Foi assim que resolvi perguntar:

– Mas os espíritos das sombras não sentirão a falta do companheiro que foi libertado de seu domínio? E se fizerem uma investida ainda mais determinada contra ele?

Desta vez, no lugar de uma explicação, ouvi uma gostosa gargalhada de Pai João. Enquanto subíamos rumo à Crosta, rompendo as vibrações primárias do interior do planeta e, mais especificamente, daquela caverna, Pai João ainda ria efusivamente. Quando parou, pôs-se a cantar. Ele é, afinal, hábil mestre, que utiliza a poesia de suas cantigas para ensinar seus tutelados:

Se na casca da braúna tem demanda,
Eu quero ver a braúna braunar.
Marcha, marcha, meus soldados
Soldados de confiança...

A música de Pai João prosseguia, e eu, com meus pensamentos tão lógicos e racionais, não conseguia compreender a mironga do preto-velho.

12

Libertação

Quando Jesus declara: "Não creais que eu tenha vindo trazer a paz, mas, sim, a divisão", seu pensamento era este: "Não creais que a minha doutrina se estabeleça pacificamente; ela trará lutas sangrentas, tendo por pretexto o meu nome, porque os homens não me terão compreendido, ou não me terão querido compreender. Os irmãos, separados pelas suas respectivas crenças, desembainharão a espada um contra o outro e a divisão reinará no seio de uma mesma família, cujos membros não partilhem da mesma crença. Vim lançar fogo à Terra para expungi-la dos erros e dos preconceitos, do mesmo modo que se põe fogo a um campo para destruir nele as ervas más, e tenho pressa de que o fogo se acenda para que a depuração seja mais rápida, visto que do conflito sairá triunfante a verdade. À guerra sucederá a paz; ao ódio dos partidos, a fraternidade universal; às trevas do fanatismo, a luz da fé esclarecida".

ALLAN KARDEC,
Não vim trazer a paz, mas, a divisão[1]

[1] In: KARDEC. *O Evangelho segundo o espiritismo.* Tradução de Guillon Ribeiro. 120ª ed. esp. Rio de Janeiro: FEB, 2002. Cap. 23: Moral estranha. p. 438, item 16.

NOSSA CARAVANA de estudos se dirigiria agora a um agrupamento espírita. Lá, deveríamos tratar do companheiro recém-liberto do laboratório dos cientistas e tomar algumas providências para evitar que aquele lugar pudesse continuar a ser utilizado para a prática do mal. Mas como fazer isso? Já presenciara a ação de entidades especializadas no mal e vira como os bons espíritos, com o auxílio de médiuns desdobrados, destruíram as bases das sombras. Mas ali as coisas eram diferentes. Havia uma estrutura técnica e, provavelmente, um potente campo de força envolvendo o lugar.

Notei esse fato em razão do cuidado de Pai João e Vovó Catarina: adensaram ainda mais sua aparência perispiritual e também nos incentivaram a fazer o mesmo. Caso houvesse um campo de força envolvendo a região astral onde se localizava o laboratório, eu sabia que o procedimento adotado pelos pais-velhos era o mais correto. É que, vibrando numa frequência superior, qualquer tentativa de penetrar no ambiente poderia ser captada como um impulso de uma dimensão maior. Apenas isso já seria suficiente para que os hábeis cientistas voltados ao mal pudessem saber que sua base estava sendo invadida. Por outro lado, ao adensarmos o perispírito, de tal forma que a vibração das células dos nossos corpos espirituais se assemelhasse à daquela equipe de técnicos do astral, seríamos confundidos com o próprio pessoal que operava naquelas profundezas. Admirei a sabedoria de Pai João e Catarina, ao nos indicarem a necessidade da redução vibratória. Além disso, havia outro fator que confirmava minhas suspeitas em relação à atitude de não nos limitarmos a destruir aquele laboratório. Quando o companheiro que estava prisioneiro naquela base umbralina ia ser libertado, Vovó Catarina, reagindo a meu impulso de conduzi-lo ao corpo físico, fez menção a um potente campo de força envolvendo o perispírito do rapaz.

Ainda não havia presenciado um caso como este. Desejaria muito saber qual o procedimento indicado e, mais, como se daria a ação desse chamado campo de força individual, que envolvia o perispírito desdobrado do rapaz. Afinal, seu corpo permanecia em coma num hospital da cidade.

Em meio a esses pensamentos, quando deixávamos aquelas cavernas, foi que percebi o companheiro Wallace tocando-me de leve e chamando-me a atenção para o que sucedia ao redor. Notei uma movimentação muito grande ocorrendo na região próxima à Crosta. Em toda a montanha, em meio às árvores da mata atlântica, notava algo que me lembrava uma estratégia de guerra. Por todo lado, vindo das nuvens – portanto, das regiões superiores –, uma multidão de índios, espíritos silvícolas, posicionavam-se em meio às árvores e em torno da entrada da caverna na qual se localizava o laboratório. Eu já vira uma movimentação semelhante em outra oportunidade, mas ali ocorria algo um tanto quanto diferente. Contavam-se aos milhares os espíritos silvícolas; no entanto, encontravam-se em completo silêncio, agrupados em batalhões, na mais perfeita disciplina. Acima de nós, uma entidade irradiava intenso magnetismo. Apresentava-se todo paramentado, de forma a lembrar os antigos guerreiros apaches; essa, a ideia que se registrou em minha memória espiritual. O espírito flutuava em meio às formações e à multidão de índios desencarnados.

– São os tupinambás – falou Pai João. – São os meus guardiões favoritos. Competentes quando se trata de anular a ação das trevas, são profundos conhecedores da magia da natureza, hábeis manipuladores de ectoplasma e também do bioplasma retirado das plantas e ervas, que pertencem ao reino de Oxóssi, como diriam os amigos umbandistas.

– Eles invadirão o laboratório para destruí-lo e aprisionar as entidades que lá se encontram?

– Por ora, meu filho – explicou Pai João –, eles ficarão de prontidão, apenas aguardando o momento propício para agir.

Quando Pai João terminou de falar, o guerreiro tupinambá que pairava acima de nós flutuou em nossa direção e saudou João Cobú, o Pai João, e também os outros espíritos da nossa caravana.

– Salve, meu pai! – falou o espírito tupinambá. – Estamos a postos com os índios puris flecheiros e os puris de aldeia; mais além, nossos amigos caiçaras aguardam suas orientações.

– *Okê*,[2] caboclo – respondeu Pai João.

E, indicando determinada direção, continuou:

– Quero que os puris de aldeia vasculhem aquele lugar. Sinto que existem outras bases incrustadas nas montanhas

[2] *Okê* é a expressão utilizada na umbanda para saudar os caboclos. Há saudações destinadas a cada um dos orixás principais e a Exu. O caboclo é a representação do orixá Oxóssi, por sua afinidade com plantas e ervas.

do Itatiaia. Leve consigo uma família de elementais e peça para que eles penetrem na terra até as profundezas.

– Sim, meu pai – respondeu o caboclo Tupinambá, nome pelo qual a entidade se apresentava. – Eu pessoalmente comandarei as buscas. Nada poderá escapar aos comandos dos puris nem à ação dos elementais.

– Vá, caboclo – ordenou Pai João. – Precisamos descobrir com urgência os planos das trevas. Quando terminar, traga o relatório para mim.

Elevando-se alguns metros acima de nossas cabeças, o caboclo rodopiava como um peão; ao fazer isso, atraía para si uma profusão de formas. Eram pequenos seres, que, envolvendo sua roupagem fluídica, o seguiam para a tarefa confiada por João Cobú.

Dessa vez foi Wallace quem me socorreu, diante da quantidade de perguntas que se esboçaram em minha mente:

– Vamos devagar, Ângelo; acalme seu pensamento. O que vimos aqui é a ação dos caboclos tupinambás e dos puris, espíritos especializados nas investidas contra as bases do astral inferior e, por isso mesmo, muito temidos pelas falanges de obsessores. O velho cacique tupinambá, que está à frente dessas legiões, é antigo iniciado asteca, que coordenou durante várias encarnações o Culto do Sol. Depois, reencarnou na América do Norte como chefe de uma das tribos indígenas na época da colonização pelo homem branco. Em outra ocasião, teve um papel importante no seio das tribos tupinambás, em terras brasileiras. Foi então que se transformou numa espécie de lenda viva em meio a seu povo. Devido a seu conhecimento, disciplina mental e domínio sobre as famílias de elementais, atua junto à natureza, além de comandar legiões inteiras de puris, bugres, caiçaras e astecas, em benefício das forças soberanas. Eu diria que é um mago branco, de acordo com o vocabulário de nossos irmãos esotéricos.

– Ele teria sido então uma espécie de missionário entre os antigos índios tupinambás...

– Exato – continuou Wallace. – Por essa razão, traz grande conhecimento arquivado em sua memória espiritual. Permanece ainda hoje, tanto no plano astral quanto na dimensão espiritual mais ampla, como um dos orientadores daqueles seres que um dia reencarnaram nas terras brasileiras como indígenas. De posse de vontade e magnetismo vigorosos, bem como da experiência que possui no trato com certas leis da natureza, pode, perfeitamente, comandar um verdadeiro exército de elementais.

– Gostaria de obter mais informações e observar, sob o comando desse espírito, a ação dos elementais, a que se referiu Pai João em suas explicações. Isso seria possível, Wallace?

– Claro, meu amigo! Venha, vamos segui-los, enquanto os pretos-velhos fazem sua parte no trabalho.

Sucedendo Wallace, vi que o espírito Tupinambá apontava para a imensa caravana de elementais e índios puris. A movimentação dos seres da natureza era algo impressionante. De longe, reuniam-se numa formação que tinha o aspecto de uma rede constituída de fios dourados, que penetrava as entranhas da Terra. Davam-se as mãos e adentravam o interior da montanha à procura de bases das sombras. Por cima da superfície, na Crosta, as falanges dos puris destruíam silenciosamente qualquer aparelhagem encontrada, que tivesse sido colocada ali pelos magos e cientistas das sombras. Faziam uma varredura sobre toda a montanha, e nada parecia escapar a seus sentidos aguçados. Vez ou outra se destacava um espírito dentre eles, que se dirigia ao caboclo Tupinambá – a quem se referiam como irmão Tupinambá. Certamente levavam relatórios de suas observações.

Transcorrido apenas um curto espaço de tempo, aproximadamente 30 minutos, toda a falange de seres elementais e os espíritos dos índios puris se reuniam em torno do comandante. Haviam terminado suas observações.

Retornamos para junto de Pai João e Vovó Catarina, que já estavam no pátio da casa espírita para a qual nos dirigíamos. Conduziam o espírito liberto do laboratório dos cientistas desencarnados. O tempo, nos relógios de nossos irmãos encarnados, era mensurado em segundos e minutos intermináveis. Mas, no que se refere a nós, que estávamos em outra vibração e dimensão, havia outros parâmetros para medir a sucessão dos acontecimentos. Por isso mesmo, vi meu espírito tão imerso na tarefa à qual me dediquei com tanto afinco que não notei quanto trabalhamos naquela noite. As atividades da casa espírita já estavam encerradas na dimensão física, devido ao avanço das horas; entretanto, havia movimentação muito grande em sua estrutura espiritual e astral.

Antes de João Cobú entrar em contato com os espíritos responsáveis por aquele posto de socorro espiritual, fomos abordados pelo irmão Tupinambá, que trazia seu relatório para nosso querido preto-velho.

– Salve! – saudou novamente o espírito, que se apresentava com aparência perispiritual mais simples, sem o aparato externo do guerreiro.

– O que me traz, caboclo?

– Já temos o relato minucioso a respeito da ação das entidades do mal. Os espíritos puris estão espalhados por toda a montanha, e concentrei a ação dos elementais no ponto mais alto do Pico do Itatiaia. De lá, partem comandos para o interior da Terra, os quais começam a desfazer as ligações elétricas dos aparelhos instalados no laboratório central. Os puris desativam pequenos campos de força, que camuflam o acesso a outros laboratórios, que, como meu pai previa, descobrimos em toda a extensão da montanha.

– Ao todo, quantas bases das sombras encontraram?

– Cinco bases, meu pai – respondeu Tupinambá. – No entanto, não há como desativar essas bases sem a ajuda de médiuns. Eles têm campos de força ligados diretamente ao núcleo planetário. Precisamos de ectoplasma e de energia nervosa humana para liberar inteiramente essas ligações elétricas que alimentam a rede de laboratórios.

– Amanhã teremos ajuda – respondeu João Cobú. – Quando os médiuns desta casa se reunirem no plano físico, teremos os recursos de que necessitamos. Por ora, é preciso que continuem em guarda, a postos.

– Ah! Meu pai – retomou o caboclo, respeitoso. – Temos mais algumas observações.

– Fale, meu filho.

– Os puris descobriram, com seus sentidos aguçados, que, em um dos laboratórios, existem duplicatas astrais de diversos traficantes e também de personalidades influentes da sociedade e da política do Rio de Janeiro. Acredito que os magos e cientistas estão utilizando esses duplos ou clones astrais para indução hipnótica; são dezenas deles. Destaquei um comando dos puris para seguir as pistas energéticas desde a base dos cientistas até as pessoas que são comandadas hipnoticamente à distância.

Pai João afastou-se um pouco do emissário tupinambá e se colocou numa posição pensativa. Parecia que estava se comunicando mentalmente com alguém, muito longe. Retornando para o espírito, ele o dispensou, recomendando logo em seguida:

– Não percam de vista esses redutos das sombras. Precisamos desativar o maior número possível desses laboratórios. Até amanhã à noite, fiquem apenas observando.

O tupinambá levitou dali, rumo a seus irmãos que o aguardavam para continuar sua tarefa.

Esbocei uma pergunta mental, e Pai João, como que conhecendo meus pensamentos, adiantou-se, antes mesmo que eu verbalizasse aquilo que me incomodava.

– O caso é grave, meus filhos. Não podemos ficar mais apenas nas observações. Recebemos orientação do Alto para desativar a rede de operações das trevas. Os espíritos infelizes planejam algo assustador. Criaram as duplicatas astrais de marginais, representantes de comandos de extermínio da capital fluminense, e de homens ligados ao governo. Caso levem a termo seus planos, esses companheiros encarnados, que já sofrem um processo obsessivo intenso, serão transformados em marionetes vivas nas mãos dos espíritos sombrios. Pretendem um domínio ainda mais completo sobre os encarnados aos quais se vinculam; precisamos intervir urgentemente.

Fiquei imaginando as proporções que poderiam ser atingidas com a interferência direta das entidades diabólicas. Se, no cenário atual, os traficantes e marginais, tanto quanto os homens que se corromperam, ligados ao poder público, já causam dano terrível à sociedade, como ficará a situação caso os cientistas e os magos negros tenham êxito em seus planos? Imerso nesses pensamentos não me dei conta de que estava na hora de partirmos. Catarina e João Cobú já haviam confiado a guarda do rapaz que fora libertado aos espíritos responsáveis por aquela casa espírita.

– Por ora – falou Vovó Catarina –, nosso protegido ficará repousando aqui, enquanto seu corpo físico permanece em coma no hospital. Amanhã, durante os trabalhos mediúnicos, veremos o que pode ser feito pelo nosso irmão.

Embora não houvesse movimentação alguma aos olhos do plano físico, havia uma intensa atividade do lado de cá da vida. Muitas equipes socorristas iam e vinham, ora trazendo entidades para serem assistidas, ora saindo a campo para levar os recursos terapêuticos que seriam ministrados a seus tutelados.

Meditando em todas as implicações do enredo no qual nos víamos envolvidos, fui surpreendido pelo companheiro Wallace:

– Veja, Ângelo; viemos numa caravana de estudos e agora teremos de estudar ajudando. A lei da vida funciona assim. Não há como manter os braços cruzados ou nos dedicarmos exclusivamente à aquisição de conhecimento sem nos envolvermos. Para amar e crescer é preciso se envolver.

– Por falar em envolvimento, Wallace, desejo comentar – principiei. – Estou impressionado com a ação dos pretos-velhos Pai João e Vovó Catarina, bem como dos caboclos índios[3] em toda essa empreitada. Nunca imaginei que Pai João e Vovó Catarina trabalhassem de modo tão intenso... Não que os imaginasse repousando; você me entende. Refiro-me à natureza das atividades desempenhadas por eles. Nem mesmo sabia que possuíam tão grande ascendência em relação à legião de espíritos conhecidos como caboclos e também sobre os seres elementais.

[3] Eis uma expressão que pode soar pleonasmo, mas faz todo o sentido. *Caboclo índio* é a designação de um tipo de caboclo que se apresenta como indígena propriamente, especialista justamente no tipo de atividade que é descrita ao longo deste capítulo, por oposição a outras espécies de caboclos. Entre estes, há os *juremeiros*, exímios manipuladores das ervas e conhecedores de suas propriedades; os *quimbandeiros*, peritos em *quimbanda* ou antigoécia; os *baianos*, conhecedores da prática mediúnica à moda brasileira; os *boiadeiros*, temidos caçadores do astral, que capturam entidades malévolas; bem como os *marinheiros*, que atuam onde há comprometimento das questões emocionais e em casos de dependência química.

– Isso é algo que merece consideração, Ângelo. Por trás da aparência simples de um preto-velho ou de uma preta-velha, há uma sabedoria ancestral camuflada com a postura do velhinho desencarnado. Tal coisa é assim para não nos ofuscarem com sua grandeza moral, para que não nos sintamos humilhados ou diminuídos diante de tamanha experiência. São, muitas vezes, espíritos muito capacitados e experientes, possuidores de uma disciplina mental de causar inveja. Desse modo, preferem se disfarçar na figura de pais-velhos; como tais, realizam um trabalho em prol da civilização que é pouco conhecido pelos companheiros espíritas e mesmo por muitos umbandistas. Evidentemente, apenas porque determinado espírito se apresenta com essa roupagem fluídica não quer dizer que demonstre elevação real. Há embusteiros em toda parte, e generalizações, a favor ou contra, são perigosas. Isto é, vale o princípio geral: não rejeitar nem seguir cegamente nenhum espírito, seja preto-velho ou não. O ideal é analisar suas comunicações com bom-senso e sem concepções preconcebidas, como recomendou Allan Kardec.[4]

Deixamos o espírito do rapaz desdobrado ali, na casa espírita, e continuamos nossas atividades. No dia seguinte acompanharíamos, durante a reunião mediúnica, o caso de nosso irmão.

Entrementes, Pai João e Vovó Catarina nos convidaram para ir até o hospital onde o corpo físico de seu tutelado re-

[4] "Em todas as comunicações instrutivas, é sobre este ponto, conseguintemente, que se deve fixar a atenção, porque só ele nos pode dar a medida da confiança que devemos ter no Espírito que se manifesta, seja qual for o nome sob que o faça. É bom, ou mau, o Espírito que se comunica? Em que grau da escala espírita se encontra? Eis as questões capitais" (KARDEC. *O livro dos médiuns*... Op. cit. p. 383, item 262).

pousava. Partimos todos: Wallace, João Cobú, Vovó Catarina e eu, além dos guardiões que realizavam nossa escolta, rumo à casa de saúde onde o rapaz estava em coma.

Foi bastante fácil estabelecer a conexão entre o espírito desdobrado e o corpo físico dele: apenas seguimos o rastro do cordão de prata, que ligava o espírito ao corpo em repouso. Fio de tessitura finíssima, estruturado em matéria sutil, forma uma ponte de contato entre o ser imortal, em corpo astral ou perispírito, e o corpo. O cordão de prata estendia-se por quilômetros, atestando a capacidade elástica desse importante órgão da fisiologia espiritual.

Rapidamente chegamos à casa de saúde e, após falar com os espíritos responsáveis pela guarda e pelas demais atividades daquela instituição, adentramos o ambiente espiritual do hospital.

Junto ao leito do rapaz, que estava no CTI, notamos a presença de três entidades de aspecto grosseiro. Uma delas registrou vagamente nossa presença e afastou-se com os olhos arregalados, esbravejando ameaças, com palavras descontroladas que lhe escapavam da intimidade. Os demais, arredios, pressentindo que algo fora de seu planejamento ocorria ali, afastaram-se alguns metros, não obstante, com a mente nublada, logo retornassem para sua vítima, cujo corpo estava estendido sobre o leito, ligado aos diversos aparelhos.

– Vejam, meus filhos – convidou Pai João. – Nosso companheiro está sendo vampirizado pelas entidades infelizes e animalizadas. Ele sofre uma espécie de simbiose espiritual com tais espíritos.

Enquanto o preto-velho falava, notei que na base da coluna do rapaz havia uma espécie de tubo, finíssimo, em cujo interior pairava uma substância gasosa, de consistência fluida e coloração acinzentada. O estranho tubo ligava-se a um aparelho cuja finalidade eu desconhecia, mas era estruturado em matéria da dimensão astral. Pai João apontou-nos a cabeça do rapaz, e pude ver uma luminosidade tênue, uma cintilação quase imperceptível, que envolvia somente o encéfalo.

– Nosso amigo está envolvido num campo de força. As entidades sombrias, que o manipulavam à distância, em desdobramento, criaram um potente campo energético em torno do cérebro físico, o qual é responsável por prolongar o estado de coma por tanto tempo. Quanto ao tubo que se liga à base de sua coluna, estendendo-se pelas ramificações do chacra básico, é uma providência diabólica para absorver do corpo debilitado toda a cota de vitalidade que for possível. Assim procedendo, as entidades vampirizadoras impedem que os medicamentos ministrados pelos médicos produzam o efeito desejado.

Após breve pausa, que aumentou o efeito de suas palavras, o pai-velho concluiu:

– Trabalhemos, meus filhos. É hora da libertação de nosso irmão.

Atento a cada detalhe da situação, vi quando Pai João tirou de um bolso, que até então eu ignorara, um objeto pequeno, que lhe cabia na palma da mão. Entregando-o a mim, o material, logo após meu contato, desdobrou-se numa rede finíssima, mais parecida com uma malha, que brilhava intensamente. Assim que eu e Wallace esticamos a rede de matéria plástica[5] astralina, Pai João nos pediu para envolver o leito em que o corpo do pobre rapaz repousava. Delimitamos o espaço em torno da maca, enquanto os guardi-

[5] *Plástica*, aqui, se refere à condição que esse elemento oferece de ser moldado, modelado, alterado. Não se refere ao nome do material, como na expressão *feito de plástico.*

ões, orientados agora pelo espírito que se identificava como Sete, recolhiam as entidades grosseiras que encontramos no ambiente assim que chegamos. Na verdade, eles pareciam não entender o que se passava. Os guardiões os prenderam em potentes campos de contenção, formados imediatamente sob o comando de Catarina, que estalava os dedos no ar. Ao mesmo tempo em que de suas mãos desprendiam-se faíscas de energia, estas se aglutinavam no espaço, formando um campo vibratório. Dentro desse campo, os guardiões mantinham as três entidades animalizadas, que se debatiam, aos berros.

Pai João, para nossa surpresa, afastou-se um pouco do corpo que permanecia em coma sobre o leito, e vi se moldar na matéria astral a forma de uma machadinha, semelhante àquelas utilizadas pelos índios norte-americanos em suas caçadas. O instrumento inusitado, que João Cobú segurava em sua mão direita, brilhava suavemente, enquanto o preto-velho mirava o campo de força em torno da cabeça do rapaz que auxiliávamos. Estupefato, não compreendi direito o que se passava; enquanto tentava entender o que ocorria ali, Pai João, brandindo o instrumento, literalmente arremessou-o em direção ao campo de força que envolvia nosso protegido.

Raios e faíscas foram projetados na atmosfera em torno, sem, contudo, ultrapassar os limites da rede fluídica que Wallace e eu estendêramos ao redor da cama.

Correntes elétricas pareciam percorrer o corpo do rapaz estendido no leito, principalmente a região do córtex cerebral. O estranho fenômeno durou aproximadamente um minuto. Depois, parecia que tudo havia voltado ao normal, ao que era antes. Pai João, entretanto, não tirava os olhos do rapaz e nos fez um gesto para aguardarmos. Alguns segundos após tudo haver se aquietado, vi que o campo de força que envolvia o corpo físico na maca inchou-se lentamente, até explodir. Nesse exato momento, os instrumentos do CTI que estavam ligados ao corpo começaram a dar sinais de uma atividade diferente. O corpo físico do rapaz parecia reagir e começou a se mexer. A princípio somente as mãos, e, depois, um suspiro forte, prolongado, escapou-lhe da boca.

Pai João finalizou a intervenção realizada ao desligar, com as próprias mãos, os tubos implantados na região da coluna vertebral, liberando completamente o corpo físico do nosso irmão.

Nunca havia presenciado uma situação semelhante a essa. Ainda atônito com o que assistira – a libertação do pobre rapaz –, fui socorrido pelas elucidações de Vovó Catarina:

– Nosso irmão, ainda em coma, estava sob intensa ação das entidades que atuavam no laboratório que visitamos. Enquanto seu perispírito se mantinha prisioneiro na base das sombras, os cientistas perversos criaram um campo de força em torno do cérebro físico do rapaz, com o objetivo de impedir que os recursos médicos fizessem efeito. A equipe médica do hospital já estava desistindo, pois havia feito de tudo para trazê-lo de volta do coma. Todas as tentativas foram frustradas. O aparelho criado pelas entidades do mal, que estava ligado ao chacra básico, tinha a função de extrair o fluido vital do nosso irmão, enquanto as entidades aprisionadas pelos guardiões se encarregavam de vampirizar tais energias. Dessa forma, Ângelo, nenhum recurso da medicina terrena poderia ser eficaz. O problema do nosso irmão ultrapassava as possibilidades dos médicos. Quando João Cobú, através da ideoplastia, criou o instrumento que você percebeu em forma de uma machadinha, ele apenas condensou a energia dispersa na atmosfera e provocou uma sobrecarga no campo de força que envolvia o companheiro. O restante, você já conhece. Sem resistir ao acréscimo de energia desencadeado pela machadinha, instrumento energético utilizado por Pai João, o campo ruiu. Agora, meu filho, os médicos que cuidam do nosso rapaz terão sucesso. Muito embora não encontrem explicações científicas para as reações tão repentinas de seu paciente, assim mesmo terão êxito, no que diz respeito ao tratamento do corpo físico.

– E o fato de o perispírito permanecer desdobrado, internado lá, no centro espírita, que influência terá sobre o tratamento?

– Bem, Ângelo, este é outro caso. Fisicamente nosso amigo terá uma melhora, ou seja, uma resposta apreciável ao tratamento médico; porém, o perispírito dele ainda está envolvido em outro campo, criado pelas entidades do mal, que se utilizavam dele. Esse tipo de campo de força, que retém em seu interior o corpo espiritual do nosso irmão, só podemos desativar numa reunião mediúnica, o que ocorrerá amanhã. São necessárias as energias dos encarnados, associadas aos nossos recursos, a fim de destruir o campo que o envolve. Embora ainda se encontre em coma, o rapaz apresentará visível melhora do ponto de vista físico, como já dissemos. Entretanto, somente após a desestruturação do campo de retenção, na reunião mediúnica, ele acordará definitivamente. De qualquer forma, você pode reparar como a resposta atual, mesmo inexplicada, já é suficiente para animar a equipe do hospital.

Uma enfermeira se aproximou do leito, olhou os instrumentos, mediu a pressão do rapaz e saiu rapidamente em busca de seus colegas. Vieram três médicos logo após, juntamente com mais dois enfermeiros. O semblante deles estava radiante, e falavam sem parar.

– Deixemo-los, meu filho – falou Pai João. – A partir de agora, estarão ocupados desenvolvendo teorias e especulações científicas para explicar a melhora do nosso irmão. Amanhã, então, quando terminarmos o trabalho de libertação e ele acordar do coma profundo, seu caso passará para os registros como um daqueles "milagres", inexplicáveis pela medicina.

Saímos do hospital, confiando o rapaz, já melhor, à equipe espiritual responsável pelo ambiente. Havia muitos casos que mereciam um atendimento especial, mas isso deixaríamos a cargo das demais equipes espirituais que ali prestavam auxílio.

Partimos, seguindo os guardiões rumo a uma tenda umbandista. Eles levavam as entidades aprisionadas, que seriam atendidas numa reunião nos moldes umbandistas, através da chamada *puxada* ou *gira de umbanda*. Os caboclos seriam os responsáveis por aquele trabalho, através da mecânica de incorporação nos médiuns de terreiro.

– Não compreendo – iniciei um diálogo – como alguns espíritos podem ser atendidos e tratados num centro espírita e outros são encaminhados para uma tenda umbandista. Qual a diferença entre o que se faz em um e outro ambiente?

– Ainda a velha questão da vibração, meu filho – respondeu Pai João. – Ocorre com os espíritos algo semelhante ao que há com os médiuns: alguns reencarnam com o psiquismo e a vibração apropriada para os trabalhos de terreiro, enquanto outros são preparados vibratoriamente para a mesa kardecista.[6] Com os espíritos não é diferente. Muitos deles oferecem a possibilidade de serem socorridos atra-

[6] A rigor, o termo *kardecista* pode ser considerado incorreto, embora dicionarizado e consagrado pelo uso – o que explica por que o personagem dele lança mão. O termo leva a crer que a doutrina foi elaborada por Kardec, como fruto de seu pensamento, entretanto o Codificador fez o que estava a seu alcance para evitar esse equívoco. Primeiramente, escolheu assinar os livros espíritas com um pseudônimo, a fim de não ter sua produção bibliográfica prévia, como educador francês, confundida com a obra de filosofia espírita. Além disso, cunhou

vés do diálogo fraterno ou terapia espiritual, que despertará suas mentes para as leis da vida; portanto, demonstram predisposição para uma sessão espírita. Mas nem todos são iguais; há aqueles que não têm o perfil psicológico e espiritual necessário. Precisam do impacto anímico-mediúnico dos chamados médiuns de terreiro, com os quais encontram maior afinidade. Nesse contato intenso com o ectoplasma exsudado pelos médiuns umbandistas, ganham tratamento especializado, que funciona como uma terapia de choque. O mesmo ocorre entre os encarnados, quanto à questão terapêutica. Alguns de meus filhos no plano físico respondem integralmente ao tratamento homeopático, pois trazem em seu psiquismo as vibrações compatíveis com o medicamento dinamizado. Outros, que possuem estado vibracional diferente, só respondem aos métodos convencionais da alopatia. Há ainda aqueles que respondem significativamente às influências energéticas do *reiki*, dos passes ou dos medicamentos florais, por exemplo.

A explicação do preto-velho fazia sentido. Prosseguiu:

– Em casos como o que acompanhamos, Ângelo, não existe uma forma melhor que a outra. Nem o método espírita é o melhor, nem a metodologia umbandista é mais forte e eficaz. Tudo depende das características de cada caso, de qual tipo de entidade está envolvido no processo e, enfim, do tipo psicológico e das necessidades espirituais de cada

o termo *espírita* como sinônimo de *dos espíritos* – sendo assim, *doutrina espírita* não é aquela professada pelos espíritas, mas equivale a dizer *doutrina dos espíritos*. Em terceiro lugar, já na obra primordial da filosofia nascente, fez questão de registrar a autoria: *O livro dos espíritos*. Lamentavelmente, no Brasil, o termo *espírita* tem sido usado para designar condutas e práticas muito distantes do espiritismo, o que certamente motivou o uso de *kardecista* para deixar claro que se está falando de espiritismo propriamente dito.

uma delas. Em uma tenda umbandista cujos médiuns se dedicam à caridade, ao estudo sério e elevado, teremos excelente material psíquico para certos trabalhos de desobsessão ou terapia espiritual. Em um centro espírita cujos médiuns não se preparam convenientemente, não se dedicam ao estudo e têm as ideias comprometidas com uma visão estreita e acanhada da vida espiritual, naturalmente careceremos de material psíquico de qualidade para as terapias espirituais. Dessa forma, é preciso compreender que a eficácia do método depende de diversas coisas, mas principalmente do preparo dos operadores ou da equipe mediúnica, e não da confissão religiosa, como muitos pensam.

"Examinemos os espíritos aprisionados pelos guardiões, por exemplo – continuou João Cobú. – Eles são de tal maneira violentos e desequilibrados no aspecto comportamental que achamos por bem trazê-los a um terreiro. Experimentarão uma metodologia de despertamento a partir da ação dos caboclos guerreiros, aos quais obedecerão sem questionamento. Após esse primeiro contato com as energias primárias dos caboclos e o ectoplasma dos médiuns umbandistas, serão encaminhados para o diálogo num centro espírita ou mesa kardecista, como denominam alguns. A distância, as divergências ou as separações que se veem entre as diferentes formas de trabalho são, em grande parte das vezes, estabelecidas pelos encarnados, que trazem ainda resquícios de preconceito religioso e racial. Do lado de cá da vida, ao contrário, somos apenas filhos de Deus, todos parceiros na construção de sua obra; não há partidarismo religioso. Tanto faz para um espírito elevado atuar como pai-velho numa tenda umbandista humilde ou escrever a orientação psicografada sob a luz do espiritismo cristão, desde que seu trabalho seja em benefício da humanidade e do próximo."

Olhando para mim, com um leve sorriso nos lábios, Pai João completou:

– Não se esqueça, meu filho: em matéria de religião, de espiritualismo, umbanda ou espiritismo, o que mais vale é a bandeira do amor e da caridade, sem preconceitos. União sem fusão, distinção sem separação.

◇

Os cânticos evocavam o povo de Aruanda. Sem atabaques, sem palmas, apenas a magia da voz cadenciada, com um ritmo especial que conferia magnetismo às músicas cantadas, transformando o ambiente em algo mágico. O altar da tenda umbandista era simples, apenas alguns símbolos na parede e um jarro de flores brancas sobre uma mesa. Uma vela acesa representava a luz espiritual. Nada mais. Os médiuns, vestidos de branco, cantavam as músicas sagradas da umbanda. Após a leitura de uma página de *O Evangelho segundo o espiritismo*, de Allan Kardec,[7] o dirigente se colocou à frente do altar e começou uma nova música, que vibrava intensamente:

O vento na mata assoprou,
Caboclo no mato ouviu.
Vem socorrer, juremeiro,
Vem socorrer, juremá,
É hora de caboclo guerreiro,
É hora de caboclo trabalhar.

Um a um, os médiuns do terreiro incorporaram seus mentores, que se apresentavam na forma fluídica de cabo-

[7] KARDEC. Op. cit.

clos. Porém, diferentemente do que presenciara naquele barracão que visitáramos antes, não havia uivos, silvos ou rodopios. Os médiuns se portavam com discrição e disciplina. Era a gira dos caboclos da umbanda, que cumprimentavam o público presente.

As cantigas se sucediam de acordo com as necessidades do culto; mais além, as entidades conduzidas pelos guardiões, furiosas, aguardavam pelo desfecho. Tais espíritos maldosos não percebiam nossa presença, nem mesmo a dos caboclos, que envolviam seus médiuns; estavam por demais materializados para alcançarem uma percepção mais clara do que ocorria.

As pessoas presentes se dirigiam aos médiuns incorporados, que aplicavam passes e dispersavam energias densas acumuladas nas auras dos consulentes. Até ali, não ocorrera nada excepcional, digno de nota, considerando o pouco que eu presenciara nesses cultos.

Quando terminou o atendimento às pessoas, os caboclos começaram a cantar o chamado *ponto de puxada* – esse era o termo que utilizavam para se referir ao tratamento desobsessivo conforme os moldes umbandistas. Os médiuns incorporados deram-se as mãos, formando uma corrente magnética de fluidos ectoplásmicos. Algo novo para mim começou a ocorrer diante da minha visão espiritual.

Via uma imensa quantidade de fluido vital sendo extraída dos médiuns do terreiro, formando um cinturão em torno deles. Nunca tinha presenciado nada assim. À medida que os caboclos entoavam seus pontos, o ectoplasma expelido pelos médiuns tomava forma no ambiente espiritual, de tal modo que se criaram telas fluídicas acima da plateia, que também participava ativamente do processo, auxiliando através das cantigas. Quando mirei as pessoas na assistência, notei mais de 20 espíritos com roupagem fluídica de caboclos, que aplicavam passes nos presentes, retirando energias preciosas para os trabalhos da noite. Os fluidos reunidos se aglutinavam no alto do salão e então eram canalizados para o centro da roda de caboclos, somando-se ao ectoplasma dos médiuns.

Senti que ocorria algo para o que não possuía explicações. Vovó Catarina se adiantou às minhas indagações e disse:

– Estamos vendo, meu filho, como os caboclos índios, sob o comando superior, elaboram o campo de força em torno de seus médiuns para que o atendimento às entidades perturbadas possa se realizar. Embora nossos irmãos encarnados não percebam o que ocorre do nosso lado, as energias movimentadas beneficiam a todos, pois atraem os miasmas das pessoas presentes ao mesmo tempo em que se forma o que, em certas tendas de umbanda, é denominado *campo vibratório dos caboclos*. É nesse campo, composto por ectoplasma e energias mentais, que serão atendidas as entidades do mal. Observe.

Nesse momento, quando as cantigas eram intensas, as entidades trazidas pelos guardiões foram conduzidas para dentro do círculo. O choque vibratório que receberam, instantaneamente, foi tão intenso que pareciam rodopiar em meio à corrente magnética, que àquela altura se assemelhava a um redemoinho. Faíscas de energias estouravam dentro daquele círculo energético de vibração intensa.

Do nosso lado, os caboclos faziam uma limpeza energética nos perispíritos das entidades obsessoras, como se fosse uma operação material. Passavam as mãos nos corpos espirituais deles, enquanto outros caboclos traziam duplicatas astrais de certas ervas, que eram aplicadas em torno das entidades em tratamento. À medida que os presentes cantavam cantigas cada vez mais ritmadas, os mentores da tenda umbandista, incorporados em seus médiuns, faziam a *gira da caridade*, segundo os costumes e rituais daquele culto.

De repente, um dos chamados guias encaminhou um dos três espíritos aprisionados para perto de um médium, que, imediatamente, deu passividade, incorporando a entidade violenta. O médium, entregando-se completamente à ação do desencarnado, debatia-se furiosamente. A corrente magnética, no entanto, estava formada por caboclos índios que *seguravam o ponto*, no dizer dos irmãos umbandistas, e dava segurança ao trabalho. Fiquei boquiaberto com o método. Era algo totalmente diferente da metodologia espírita.

Nesse ponto das minhas observações Vovó Catarina retomou a palavra:

– O método é incomum para você, Ângelo, mas posso afiançar-lhe que é eficaz, no caso de entidades deste tipo, que em sua natureza se parecem com furacões violentos. Após o atendimento nos moldes que você presencia, estes infelizes serão conduzidos a uma casa espírita, para posterior conversa e encaminhamento. Aqui, encarregamo-nos do trabalho mais grosseiro, da retirada de fluidos densos; contudo, essa fase é apenas uma etapa de todo o processo de tratamento ao qual serão submetidas tais entidades. Não veja nisso algo definitivo; os espíritos atendidos precisam se reeducar moralmente e, para tanto, serão encaminhados para a conversa fraterna, numa reunião de desobsessão. Há que se notar, porém, que, caso estes espíritos fossem conduzidos, exatamente como estavam, a uma mesa espírita, talvez os médiuns não atingissem os resultados esperados. Ou, ainda, tais companheiros poderiam transmitir aos médiuns espíritas todo o morbofluido de que são portadores, o que lhes seria prejudicial. Dessa maneira, foram trazidos até aqui, nesta tenda umbandista, e assim cada um cumpre seu papel, de igual importância.

Pensando nas explicações de Catarina, fiquei observando por mais alguns minutos, até que Pai João acrescentou:

– Os caboclos são exímios manipuladores de energias da natureza, de ectoplasma e bioplasma. Com o método que lhes é próprio, trabalham para auxiliar, como sabem, na recuperação de almas rebeldes e renitentes no mal. Espíritos violentos e grosseiros, de comportamento profundamente desequilibrado ou dementes espiritualmente, são muitas vezes conduzidos para as puxadas numa casa umbandista, onde são realizados os primeiros atendimentos. Depois, você poderá vê-los incorporados numa reunião espírita, recebendo o amparo e o esclarecimento, de acordo com sua necessidade e capacidade de assimilação.

Um a um, os médiuns na corrente incorporavam entidades trevosas, enquanto o caboclo Sete Flechas, guardião da tenda umbandista, permanecia incorporado em seu *aparelho mediúnico*, realizando as manipulações energéticas necessárias e conduzindo os trabalhos, tão incomuns para mim, mas não por isso menos eficazes.

Em determinado momento, o caboclo chefe da falange dá por encerrados os trabalhos e se dirige ao público, agradecendo e expressando uma mensagem de otimismo.

Pai João esclareceu-me:

– Para cada doente, meu filho, um tipo de medicamento. Como lhe disse anteriormente, não podemos classificar este ou aquele método como o mais eficaz; não existem fórmulas prontas. Na umbanda, os processos obsessivos mais violentos são muitas vezes solucionados com a força guerreira dos caboclos. Devido ao seu forte energismo, ao seu caráter inabalável e às suas experiências de guerra quando encarnados, que desenvolveram neles disciplina férrea, conquistada com mérito, são entidades temidas e respeitadas pelas falanges de espíritos conturbados e pelos marginais do astral inferior. Quando incorporados em seus médiuns, trazem todo o trejeito de guerreiros, a força e firmeza do jovem e o respeito das experiências adquiridas em anos e anos de lutas ao longo das encarnações. Em essência, esse é o método umbandista, embora haja muitas variações dentro da própria umbanda.

As entidades, abatidas pelo intenso magnetismo dos caboclos, eram novamente conduzidas pelos guardiões. Encaminhavam-se agora para tratamento intensivo e reeducação moral. Porém, não mais apresentavam na face a violência de outrora. Estavam algo modificadas, tanto em seu interior quanto em sua aparência perispiritual. Certamente se poderia afirmar que tais espíritos saíram mais leves da gira dos caboclos.

No chão do terreiro, havia substâncias escuras, pegajosas, retiradas dos corpos espirituais das entidades vingativas. Vi que eram literalmente varridas, à medida que um dos médiuns, sob a orientação dos caboclos, passava ramos de ervas em todo o terreiro. As músicas prosseguiam, e o canto caboclo naquele instante lembrava um lamento, com um ritmo mais lento, porém cheio de magnetismo e do encanto de Aruanda.

13

Lições preciosas

[Ao espírito denominado Pai César:]
– Quando estáveis na Terra o que pensáveis dos brancos?
– "São bons, mas orgulhosos e vãos,
devido a uma alvura de que não foram responsáveis".
[A São Luís:]
– Algumas vezes os brancos reencarnam em corpos negros?
– "Sim. Quando, por exemplo, um senhor maltratou um escravo,
pode acontecer que peça, como expiação,
para viver num corpo de negro, a fim de sofrer,
por sua vez, o que fez padecer os outros,
progredindo por esse meio e obtendo o perdão de Deus."

Evocações de Allan Kardec,
O negro Pai César[1]

[1] In: KARDEC. *Revista espírita*. Op. cit. v. II, jun. 1859, p. 244-245, itens 7, 12. O trecho entre aspas é uma psicografia.

TERMINAMOS NOSSAS atividades naquela noite e decidimos em conjunto nos dirigir à beira-mar, a fim de nos refazermos nas energias da natureza. Aproveitei o tempo que tinha à disposição para as anotações preciosas e também para conversarmos. Chegamos ao litoral quando o sol já estava nascendo no horizonte, ocasião em que pude observar as belezas do astro-rei e absorver o ar balsâmico daquelas paragens. Comentei:

– Creio que os homens, nossos irmãos encarnados, mesmo sabendo do potencial energético dos campos naturais do planeta, não usufruem devidamente os benefícios que esses locais especiais proporcionam. Mesmo para os desencarnados, os lugares cujas reservas de energia estão ainda intensas, condensadas junto à natureza, representam abençoada oportunidade para o refazimento e, por que não dizer, para o tratamento dos espíritos necessitados de tais recursos.

Enquanto eu absorvia o ar puro, deslizando sobre as ondas, Wallace e o guardião Sete se aproximaram de mim:

– Aproveitemos bem estes momentos para meditar,

orar e nos reabastecermos junto à mãe natureza – falou Wallace. – Aqui encontramos o elemento natural à nossa disposição, tão intenso e puro que é útil inclusive para a vitalização do corpo espiritual.

– Entre os companheiros umbandistas – disse o guardião –, é costume frequentar recantos como este, onde as energias naturais se encontram mais ativas. É comum visitarem cachoeiras, matas ou mesmo o mar para se reabastecerem energeticamente.

– Muitos espíritas afirmam que tais hábitos são puramente rituais, que traduzem crendice e são o reflexo da imaturidade espiritual. Creio que nossos irmãos espíritas às vezes exageram, radicalizam, querendo parecer por demais racionais – falou Wallace.

– É verdade – retrucou o guardião. – Na ânsia de demonstrarem correção e fugir a rituais e a algumas superstições, os amigos espíritas tornam-se rígidos demais e, com isso, desperdiçam enorme oportunidade de aprendizado, tanto quanto de usufruírem de tremendo benefício. As matas, cachoeiras, oceanos e outros locais do planeta são verdadeiras reservas energéticas, que, desde a Antiguidade, foram sabiamente exploradas pelos magistas e magnetizadores do passado. Ainda hoje, tais locais podem ser utilizados com sabedoria por quantos necessitem reabastecer-se. Caso os homens entrassem em contato com a natureza, por certo a maioria dos casos de estresse, depressão e ansiedade não teriam um impacto tão forte em seus espíritos. A natureza não só abastece nossos corpos espirituais como também drena as energias nocivas acumuladas nas auras dos indivíduos.

Após as observações do guardião Sete, ficamos por uns momentos meditando sobre as águas, até quando notamos uma movimentação ao longe. Era uma equipe de espíritos que chegava à procura de Catarina e João Cobú. Conversavam à distância, o que não nos impediu de sentir intensamente o chamado mental dos pais-velhos, que nos apontava a hora de voltar ao trabalho. Ainda não havíamos terminado nossa tarefa.

Retornamos para junto de Pai João e Vovó Catarina e, após breve entendimento a respeito de nossas atividades, decidimos visitar naquela manhã o indivíduo cujo nome fora citado em processo de magia negra e transformara-se, a partir de então, em endereço vibratório do feiticeiro contratado para o serviço de vingança e ódio. Refiro-me ao caso que presenciáramos na casa de culto afro, ocasião em que um sujeito havia procurado o pai de santo para se vingar de seu patrão, Alberto Nogueira. Naquele episódio, eu ficara bastante impressionado com o estranho ritual de magia negra. Agora, teria oportunidade de acompanhar o caso mais de perto.

Seguindo o rastro energético de Alberto, pudemos identificá-lo junto ao leito, abatido, o corpo exalando suor com cheiro fortíssimo. Em torno de sua aura, imensa quantidade de energias de tons acinzentados gravitava, como fantasmas. Bolhas de uma coloração roxa pareciam aderidas a seu perispírito. O homem aparentava estar nos últimos instantes da vida física, agonizante.

Presenciamos quando a mulher de Alberto Nogueira entrou no ambiente, mais rezando do que propriamente falando, em voz alta:

– Ai, meu Deus! Não sei mais o que fazer. Os médicos não encontram nada no pobre do Alberto. Não há mais recurso que eu possa procurar...

Catarina aproximou-se da mulher, impondo-lhe as mãos e sussurrando em seus ouvidos algumas palavras. A companheira de Alberto, neste instante, tomou uma decisão:

– Acho que só me resta rezar, rezar muito mesmo. O meu Alberto está cada vez pior.

A mulher pôs-se a orar. Imediatamente se fez presente uma entidade que até então eu não havia percebido. Irradiando uma luz azulínea, o espírito se identificou como sendo a mãe desencarnada de nosso protegido. Enquanto ela amparava Alberto-espírito nos braços, Pai João e Vovó Catarina começaram a trabalhar.

O pobre homem parecia desfalecer, e sua vitalidade se esgotava a olhos vistos.

– O quadro sugere que em breve ele terá uma parada cardíaca – falou Wallace.

– Tudo isso é devido à ação da magia negra? – perguntei, incrédulo, aos companheiros espirituais.

– Certamente que sim – principiou Pai João. – A ação do magnetismo transmitido através do sapo, que fora utilizado como elemento dinamizador das energias mórbidas, encontrou ressonância com o estado de abatimento moral do nosso irmão. As energias densas que observamos em torno da aura do infeliz companheiro são resultantes do descenso vibratório do magnetismo emitido pelo pai de santo, que enviou a Alberto as vibrações densas e mórbidas em seu ritual de enfeitiçamento. O que você vê é apenas uma ação magnética, que, encontrando campo propício nos sentimentos e emoções do nosso irmão, diluem-se em torno de sua aura, causando imenso prejuízo ao seu sistema orgânico.

– Mas ele não tem a proteção de sua mãe desencarnada? – tornei a perguntar.

– De fato, a genitora permanece ligada ao psiquismo de Alberto de forma intensa, tentando auxiliar quanto pode, mas isso não quer dizer que ele, por sua vez, esteja ligado mental e vibratoriamente com o espírito que tenta protegê-lo. Alberto Nogueira alimenta grande sentimento de culpa, devido ao passado recente, em que empregou de modo equivocado os recursos que a Divina Providência lhe confiou na administração da empresa que hoje dirige. Contudo, já refeito, após bastante meditar sobre seu comportamento, ele considera oportuno retificar seus passos e deseja agir de maneira diferente com os funcionários pelos quais é responsável. Ainda assim, sua consciência, que não ignora em que errou, não lhe facilita o autoperdão pelos fatos ocorridos no passado. É o sentimento de culpa, que, da mesma forma como o persegue, abre campo para que as energias mórbidas manipuladas no ritual de magia negra se despejem em sua aura. O restante você compreende apenas observando o nosso irmão. Vejamos o que se pode fazer.

Enquanto a mãe desencarnada ministrava recursos fluídicos a Alberto, Pai João chamou até nós alguns espíritos da natureza. Concentrando-se, ele parecia entrar em contato com alguém que se encontrava distante. O ambiente da casa logo se iluminou, quando formas que se assemelhavam a línguas de fogo começaram a penetrar pelas paredes, atravessando móveis e se localizando em torno de Alberto Nogueira. Eram os elementais conhecidos como salamandras, que, ao comando do pai-velho, envolviam o nosso protegido com uma cortina de fogo etéreo, de tal modo que, por alguns minutos, um verdadeiro furacão de energias pareceu varrer o ambiente, concentrando em seu centro o corpo de Alberto. O fenômeno era maravilhoso de se ver. O redemoinho de fogo etérico produzido pelas salamandras era tão intenso que sentimos o calor produzido, enquanto presenciávamos a queima do material tóxico que gravitava em torno da aura de Alberto. Tão somente alguns instantes foram necessários para que não mais houvesse mancha alguma girando em torno dele. As salamandras a seguir se retiraram, para proceder à limpeza dos demais cômodos da casa do nosso tutelado. Das paredes escorria um fluido pegajoso, que se derretia com a ação dos elementais, assim como o que se despregava dos móveis, que também exalavam uma substância escura e contagiosa, certamente produto do intenso magnetismo irradiado por ocasião do enfeitiçamento. Nada passava despercebido dos espíritos da natureza. João Cobú coordenava o processo com seu pensamento vigoroso, estalando os dedos, enquanto de suas mãos uma profusão de raios era liberada, atingindo toda a energia mórbida localizada no ambiente.

Quando a ação terminou, Alberto Nogueira parecia respirar aliviado, e o suor intenso não mais se fazia perceber. A taquicardia cedera, e o aparelho cardíaco retomara seu ritmo regular.

– Graças a Deus! – gritou a mulher de Alberto, assim que o viu abrindo os olhos e sorrindo. – Nossa Senhora Aparecida ouviu minhas orações. Levanta, Alberto, levanta, homem! Vamos rezar juntos e fazer uma promessa para a santa de nossas devoções.

– Deixemos nossos amigos por conta de suas rezas e crenças. Já fizemos o bastante – sentenciou Catarina.

– Mas já acabou tudo? Foi simples assim? – indagou agora Wallace.

– Simples, meu filho? – tornou pai João. – Não viu porventura a riqueza dos recursos empregados para diluir as energias mórbidas? Mas não se engane: não acabou por aqui. Em nosso trabalho, não destruímos energias; o que fizemos foi tão somente diluí-las, limpando o ambiente astral. Contudo, essas mesmas energias dispersas agora retornam, mesmo enquanto conversamos, ao ponto de origem. É a lei do retorno, meu filho. Não há como se livrar disso. "Quem deve paga e quem merece padece", nos lembra um mantra da umbanda. No caso específico de Alberto, ele apresenta agora condições de receber o auxílio da mãe desencarnada, que continuará a seu lado, inspirando-lhe o que fazer. Amanhã, irão à missa rezar aos pés da santa, quando conduziremos à igreja uma amiga da família, que guarda ascendência moral sobre eles. Ela frequenta uma casa espírita conhecida na cidade. A ideia é que nosso Alberto seja encaminhado para tratamento espiritual nessa casa. De qualquer maneira, o grosso do trabalho os pais-velhos já fizeram. Agora deixemos para os mentores da casa espírita a tarefa de reeducação do espírito de Alberto.

Fiquei impressionado com a ação de Pai João, dirigindo as salamandras. Era algo maravilhoso de se ver. Na verdade, jamais imaginaria quão importante era o trabalho dos espíritos da natureza, os chamados elementais, nos processos de limpeza energética e harmonização.

Ao lado dos pais-velhos, eu participava de uma aula de magia, a magia do amor.

14

Cientistas e apometria

O fluido perispiritual do encarnado é, pois, acionado pelo Espírito. Se, por sua vontade, o Espírito, por assim dizer, dardeja raios sobre outro indivíduo, os raios o penetram. Daí a ação magnética mais ou menos poderosa, conforme a vontade; mais ou menos benfazeja, conforme sejam os raios de natureza melhor ou pior, mais ou menos vivificante. Porque podem, por sua ação, penetrar os órgãos e, em certos casos, restabelecer o estado normal. Sabe-se da importância das qualidades morais do magnetizador. Aquilo que pode fazer o Espírito encarnado, dardejando seu próprio fluido sobre uma pessoa, um Espírito desencarnado também o pode, visto ter o mesmo fluido, ou seja, pode magnetizar. Conforme seja bom ou mau o fluido, sua ação será benéfica ou prejudicial.

Allan Kardec,
Estudos sobre os Possessos de Morzine [artigo I][1]

[1] In: KARDEC. *Revista espírita.* Op. cit. v. V, dez. 1862, p. 489-490. Grifo nosso.

NO INÍCIO ERAM poucos, apenas nove espíritos revoltados e decididos a se vingar daqueles que não reconheciam seu potencial, sua cultura e sua – assim pensavam –legítima superioridade sobre os demais seres humanos. Mortos no impacto de uma guerra ridícula, transferiram-se para a região astral com suas mentes e emoções em ebulição, isto é, contrariados por não haverem sido reconhecidos em suas pretensões.

Inicialmente queriam vingança, mas um deles, que ficara conhecido com o nome de Lapal, parecia ser mais lúcido que os demais; nem tão revoltado assim se encontrava. Afinal, ele havia se deslumbrado diante da morte do corpo e da perspectiva de perpetuar sua ciência sem as limitações do antigo organismo físico. Eram imensas as possibilidades.

Naquela época, ele desconhecia inteiramente a lei da reencarnação. Não sabia que o magnetismo primário do planeta arrastava mecanicamente os espíritos em direção a um útero materno. Somente mais tarde, após a resistência persistente em reencarnar, notaria que o corpo perispiritual sofreria profundo desgaste energético, causando imensos desequilíbrios em sua estrutura extrafísica. Mas, naquele instante primordial, nenhum deles conhecia isso.

Lapal era, entre os cientistas, como um ponto de equilíbrio, mas não tinha senso moral. Não conciliava os ânimos devido a um sentimento altruísta, mas simplesmente porque não concordava com os membros do grupo e queria tirar proveito da situação de estar vivo, apesar da morte.

Enquanto o ódio perseguia os pensamentos e fomentava as emoções de seus aliados, Lapal se distinguia por um raciocínio frio e calculista, puramente científico e arrojado, embora progresso e avanço para ele não significassem em absoluto qualquer coisa que se assemelhasse a moral ou espiritualidade. Lapal estava preocupado em desenvolver tecnologia e nada mais. Era um aficionado pela técnica, somente isso. Mas logo notou que seus colegas cientistas estavam com a mente nublada pelo ódio contra os governos e a humanidade. Ele precisava encontrar uma solução, caso contrário seus projetos iriam por água abaixo.

Foi então que resolveu aguardar o desencarne de diversos outros cientistas. Esperou pacientemente anos a fio, observando e analisando aqueles homens de ciência que se vendiam a seus governos, aqueles que não alcançavam reconhecimento da sociedade e que haviam, enfim, se especializado em diversas áreas do conhecimento, como biologia, química, ciências médicas e outros ramos.

Lapal aliou-se a uma falange de entidades perversas, que, no início de seu relacionamento, escondiam sua verdadeira intenção. Eram magos negros, espíritos trevosos e voltados para o mal, que haviam reconhecido as habilidades de Lapal e seus aliados. Queriam também, por sua vez, tirar proveito da situação e utilizar seu conhecimento e técnica para a execução de planos diabólicos.

Propuseram a Lapal e seus correligionários a construção de imenso laboratório, para desenvolver suas pesquisas longe da ação dos *superiores*, conforme costumavam chamar os espíritos mais esclarecidos. Decidiram assim que o melhor lugar para a nova empreitada seria nas profundezas do planeta, onde descobriram imensas cavernas subterrâneas interligadas por um sistema de corredores naturais e galerias encravado nas rochas. Essa foi a primeira base dos cientistas das sombras.

Os magos negros, hábeis manipuladores dos fluidos do astral inferior, sob a orientação dos cientistas fabricaram, com a força mental, os instrumentos essenciais para que o grupo pudesse iniciar suas pesquisas. Trabalhavam com a antimatéria.[2]

Nas primeiras experiências, os cientistas desencarnados conseguiram apenas resultados catastróficos junto à natureza. Em uma das tentativas ocasionaram um terremoto de grandes proporções na cidade de Lisboa, em Portugal, no ano de 1755. Suas experiências acabaram por provocar também erupções de vulcões há muito extintos. Maremotos e terremotos em áreas consideradas estáveis foram algumas vezes resultantes de experimentos mal sucedidos dessas falanges de espíritos. Quando matéria e antimatéria se encontravam, destruíam-se mutuamente, gerando enorme quantidade de energia, que se propagava debaixo da superfície do planeta como ondas sísmicas de proporções assustadoras. Isso despertou a atenção dos guardiões para o que ocorria no interior do planeta, nas regiões subcrustais.

Era o nascimento da falange de espíritos especializados na elaboração de tecnologia e aparelhagens das trevas, larvas astrais e vírus de toda espécie, que seriam cultivados nos laboratórios escondidos nas profundezas da Terra

[2] Naturalmente, o autor espiritual se refere à contraparte astral da antimatéria.

ou nas regiões abissais.

Devido ao intenso religiosismo dos espiritualistas e ao excesso de rituais e misticismo de determinados grupos, os habitantes da Crosta ficaram por muito tempo à mercê de tais entidades. Vítimas de processos obsessivos complexos, muitos indivíduos serviam aos interesses egoístas dos cientistas ou aos objetivos de outros espíritos, que lhes contratavam os préstimos para desenvolver equipamentos úteis nos mais diversos projetos de vingança.

Rapidamente, Lapal e seus cientistas descobriram o valor do fluido vital para o desenvolvimento de seus planos, de forma que o ectoplasma passou a ser cobiçado por essas entidades como bem mais precioso que o ouro, para os seres humanos. Nesse momento, entraram em cena novamente os magos negros, que supriam os laboratórios com quantidades imensas dessa energia, extraída dos encarnados. Nasciam mais e mais bases das trevas, enquanto os espíritas e os espiritualistas se ocupavam em doutrinar, conversar e fazer orações longas e discursos religiosos, esquecidos da ciência espiritual e das pesquisas no campo experimental da mediunidade. As trevas, enquanto isso, se atualizavam, equipando-se para investidas cada vez mais eficazes contra as obras do progresso e da civilização.

Nas profundezas do submundo astral, tais espíritos desenvolveram seus laboratórios, escondidos entre os elementos altamente pressurizados encontrados no interior do planeta. Os termoelementos, de alto nível de periodicidade – portanto, mais estáveis –, que são encontrados nos minerais e rochas sob a crosta, eram utilizados para gerar poderosos campos de força. Mas os grupos espíritas e espiritualistas não acreditaram em nada disso e, dessa maneira, não se prepararam para enfrentar a diabólica trama das entidades das sombras.

Cheios de audácia e muita sagacidade, os magos negros disfarçavam sua ação através da manipulação de outros espíritos, menos perigosos, que enviavam para distrair os agrupamentos mediúnicos. Paulatinamente, engrossaram suas fileiras com novos homens de ciência, que desencarnavam sem o desenvolvimento da ética cósmica e de princípios elevados.

Tais espíritos, extremamente intelectualizados, não detinham nenhum pudor filosófico e moral. Em determinada fase, no auge do planejamento das trevas, estourou a Segunda Guerra Mundial, catalisando o processo de ampliação do reino das sombras. Graças a seus recursos técnicos, essas falanges de seres se voltavam contra os encarnados, algumas vezes utilizando-os como cobaias para seus experimentos e invenções, outras vezes por pura maldade. Investiram contra tudo o que pudesse significar ordem, progresso e evolução consciente na superfície do planeta.

Até há pouco tempo nada se sabia a respeito dos cientistas e de sua atuação com aparelhos parasitas, desenvolvimento de larvas e outras criações mentais semelhantes a vírus e bactérias, que cultivavam em seus laboratórios. Devido à ação dos pretos-velhos e caboclos, entidades que ainda hoje sofrem imenso preconceito, mas que são profundos conhecedores dos elementos da magia e dos subplanos do astral, eles, os cientistas, foram desmascarados. Sua atividade foi revelada, e, com o conhecimento das leis da apometria, eles têm sido formalmente enfrentados. Sua ação daninha e maléfica sobre as obras da humanidade está pouco a pouco sofrendo baixas significativas.

Notadamente após a Segunda Guerra Mundial, têm emigrado constantemente para o mundo astral, através da morte, grupos de espíritos especializados nas questões científicas. Trata-se de cientistas altamente capacitados, que seguem para o mundo extrafísico sem o preparo devido e que somam fileiras ao grupo original de Lapal e seus seguidores.

Essa falange de entidades voltadas para o mal é formada sobretudo por espíritos de pessoas cujos méritos científicos não foram reconhecidos, ou que não receberam o apoio financeiro de seus governos para desenvolverem suas experiências. Depois da morte do corpo físico, são arrebanhados para as falanges negras reunidas na subcrosta, onde encontram apoio das entidades perversas. Há entre eles espíritos de diversas procedências, de vários países; formam entre si uma espécie de governo que poderíamos classificar como *autocracia individualista.*

Com o transcorrer do tempo, o que Lapal e seus amigos desconheciam foi descoberto. Notaram que seus corpos espirituais sofriam o impacto da lei de gravidade planetária, e a forma humana original, devido à resistência em reencarnar, passou também por diversas alterações. O magnetismo do planeta exercia poderosa atração sobre seus perispíritos: embora permanecessem a consciência e suas aquisições, a forma humana lentamente se degenerava. A aparência perispiritual, aos poucos deformada, embotava mais e mais as possibilidades de expressão de suas consciências.

Lapal se sentia enfadado com os rumos que a organização tomava; assistia às disputas entre os diversos grupos menores, que divergiam entre si e não desejavam mais respeitar a supremacia dos magos negros. Queriam agir por conta própria. Lapal sabia que o fim estava se aproximando e que, cada vez mais, os grupos espíritas e espiritualistas estavam se equipando com técnicas mais modernas. Surgira a apometria, que dava novo impulso aos trabalhos dos superiores. Lapal estava cansado e não aguentava mais resistir ao chamado da reencarnação.

Os diversos grupos de cientistas, médicos, enfermeiros e pesquisadores que se reuniam sob a sombra do mal trabalhavam, algumas vezes, de modo contrário ao bem por falta de atenção quando encarnados, por dificuldades financeiras ou devido a ideias que não puderam ser postas em prática quando no mundo físico. Como os demais, tais grupos de seres desencarnados se reúnem pela afinidade de seus gostos e de sua ciência. Mas seu sistema acabou se transformando num enorme cadinho em que se realiza a fusão de diversos interesses.

É claro que as coisas mudam e se transformam constantemente. Muitos desses espíritos mostram-se apavorados ao constatar que o progresso persiste, a despeito de suas investidas, e que em breve o planeta será regenerado. No momento que se avizinha, serão banidos para mundos inferiores e enfrentarão circunstâncias áridas e desfavoráveis em planetas primitivos. Sabem disso, e o pavor começa a tomar conta deles. Não podem adiar o progresso indefinidamente.

Com a atmosfera psíquica povoada por apreensões de tamanha gravidade, alguns cientistas deliberaram pela criação de uma base no interior das montanhas do Itatiaia. Lá, incrustados sob as rochas e camuflados pela vegetação exuberante, um grupo de cientistas e magos negros escondia imensos laboratórios, como o fizera em outros lugares do planeta. No interior dessas bases, havia equipamentos ligados a diversos bandos de marginais, líderes do narcotráfico e políticos corruptos que afligiam a comunidade de encarnados. Empregavam-se aparelhos tecnológicos sofisticados, capazes de formar campos de força tão potentes em torno dos indivíduos que invertiam as polaridades do duplo etérico. São computadores estruturados em matéria astral sutil, em cujos bancos de dados estavam registrados estratégias e planos desenvolvidos junto aos marginais do mundo.

Eles não contavam, entretanto, com a ação dos pretos-velhos e das falanges dos tupinambás. Pensavam poder continuar sua ação disfarçados sob o manto da crosta planetária. Como o Alto não brinca em suas ações, espíritos de várias categorias estavam atentos aos acontecimentos que ali tinham palco, vigilantes sob o comando de entidades veneráveis, disfarçadas espiritualmente na roupagem fluídica de pais-velhos e caboclos.

◇

A REUNIÃO PROSSEGUIA sob a orientação atenta do espírito Bezerra de Menezes, que se fazia representar por um espírito de sua equipe. Assim que o dirigente encarnado da reunião deu o comando, potente campo de força formou-se, envolvendo os médiuns num círculo de energias afins. No recinto não havia mesa, tão tradicional nas reuniões espíritas. Havia sido eliminada. Os médiuns formavam um círculo e, no centro, havia dois operadores ou terapeutas, conforme eram agora chamados os doutrinadores de outrora.

Vi um dos cientistas, que se fazia acompanhar de dois magos negros. Havia uma cintilação em torno deles, formando um campo energético que disfarçava sua aparência. Os médiuns se preparavam para auxiliar os mentores na tarefa da noite. O cientista desencarnado ria com desdém, acreditando na superioridade de seu poder e em seus recursos tecnológicos.

Estávamos presentes Catarina, João Cobú, Wallace e eu, além dos espíritos que coordenavam os trabalhos na noite. Os médiuns Maria Clara, Conceição, Reginaldo, Artur, Luiz Antônio e Débora buscavam todos concentrar-se nos comandos do operador, que dirigia os trabalhos no plano físico.

Notei que todos estavam na expectativa do que ocorreria ali; no que se refere a mim, sentia-me envolvido em imensa curiosidade quanto ao desempenho dos amigos encarnados e desencarnados.

Um dos operadores, Márcio, colocou-se no meio da sala; ao estalar os dedos, reunia energias que se aglutinavam em torno dele, formando um turbilhão que lembrava um redemoinho. À medida que o operador conduzia a reunião com seus comandos verbais e movimentava os dedos, estalando-os, energias poderosas repercutiam, parecendo varrer o ambiente com íons, que limpavam as auras dos participantes.

Pai João aproveitou a oportunidade, logo no início dos trabalhos, para nos dar uma explicação a respeito da força do pensamento e da palavra, bem como dos sons em geral:

– Toda mente – começou Pai João – emite em torno de si um campo de influência, que é gerado a partir das ideias e formas-pensamento que criou. Esse campo, composto e mantido por ondas mentais, terá maior ou menor intensidade e expansibilidade de acordo com a força mental que o sustenta. Entretanto, independentemente do alcance dessa energia *psi*, que a mente gera ininterruptamente, sempre há interação com outras mentes, que também agem constantemente na manipulação de suas criações. Por isso, meu filho, a ação mental do operador nos trabalhos mediúnicos – e, especificamente neste caso, na apometria – sofre sensível aumento com a ação dos demais médiuns presentes.

"Quando o ser pensa – prosseguiu –, lança no espaço em torno de si substâncias, raios e ondas, projetados também nas dimensões de igual teor vibracional ou inferiores. Tais substâncias, de natureza mental, têm consistência e existência real, embora ainda indetectáveis pelos aparelhos da tecnologia material terrestre. São os chamados *elementais artificiais*, criações da dimensão do pensamento que flutuam ou gravitam em torno das pessoas que as geraram, produzindo uma atmosfera e um fluxo de corrente eletromagnética de natureza contínua. É essa característica do campo mental que determina a atração de outras formas-pensamento, análogas entre si, ainda que geralmente os seres que emitiram tais substâncias mentais nunca tenham se encontrado fisicamente. Durante a reunião, o que observamos na operação e formação de campos de força de grande potência é exatamente a união das criações mentais dos operadores encarnados e dos seus mentores. Não há necessidade de aproximação física para que pensamentos de natureza semelhante se associem. Na união de tais formas e criações mentais, surgem a sintonia e a atração, que fazem com que a corrente mental recém-formada ganhe força e intensidade."

Enquanto Pai João falava, busquei observar as criações mentais elaboradas através dos comandos apométricos:

– A força do vento solar... – pronunciava o operador encarnado, estalando os dedos num processo que eu nunca havia presenciado.

Imediatamente um turbilhão de energias vindas do Alto penetrou no ambiente, desfazendo larvas, bactérias[3] e outros elementos perturbadores da harmonia. Notei que os cientistas e magos estremeceram, olhando uns para os outros. Já começavam a se sentir abalados em suas convicções.

– Limpeza com o vento solar e a ação das salamandras – ordenou o operador.

Neste instante, penetrava no ambiente da casa espírita um batalhão de formas ígneas, seres elementais que irradiavam energias poderosíssimas em torno de si. Aderiam à estrutura perispiritual dos médiuns, limpando suas auras e queimando resquícios de energias densas, porventura

[3] O narrador se refere a larvas e bactérias astrais, e não físicas.

existentes. Fiquei imaginando se o operador que dava os comandos apométricos também não seria um mago. Pai João, sem cerimônia, continuou com a explicação:

– Com a força de atração e o poder exercido pelo pensamento disciplinado, pode-se entender o valor inestimável da qualidade do campo mental, meu filho. É bom estudar o poder mental para compreender os comandos apométricos; do contrário, o indivíduo que comparece à reunião tenderá a pensar que são apenas palavras e gestos. Ledo engano: tudo tem um significado e um porquê. Sabemos que pensamentos de alegria, saúde, paz e otimismo propiciam a irradiação de ondas de altíssimo padrão vibratório, criando, desse modo, um campo de intensa luminosidade em torno do indivíduo que os gerou. Com base nisso, pode-se prever a ação desse contingente de pensamentos sobre os fluidos e energias do plano astral, quando bem orientados por um operador experiente e com conhecimento de causa.

– Quando o operador da apometria pronuncia os sons característicos dessa prática – falou ainda o pai-velho –, tais como os nomes das letras gregas *alfa*, *beta*, *gama*, *delta* e *épsilon*, ele tão somente canaliza as vibrações do pensamento, materializando a força mental e moldando o ambiente em torno de si com a força aglutinada da matéria mental. Todo pensamento atrai outro da mesma força e característica, tal é a lei. Quando o indivíduo se mantém em sintonia com pensamentos de energia, vigor, empreendimento e progresso, é natural que encontre sempre uma força semelhante que impulsione seu pensamento para a frente e para o alto. Isso nos faz lembrar que a natureza dos pensamentos classifica o tipo evolutivo de cada pessoa: os seres se agrupam ou se repelem de acordo com ela. Se são nutridos os pensamentos de natureza religiosa, por exemplo, as pessoas se juntam em torno de um ideal religioso. Se, por outro lado, o teor dos pensamentos for de natureza política e econômica, naturalmente os indivíduos se filiarão a um partido político, por exemplo, no qual encontrem ressonância com as ideias alimentadas.

"Falo tudo isso, meu filho, para que se fique atento às companhias espirituais. No caso de uma reunião de caráter mediúnico, o pensamento é tudo. Ninguém improvisa concentração da força mental apenas em alguns minutos de reunião semanal. É preciso exercitar o pensamento através de visualizações criativas de ordem superior, com regularidade e afinco, para que, quando for exigido do operador ou médium que utilize sua força mental nas criações de campos de força ou de contenção, ele, já experiente, não vacile. Convém observar ainda que, no cotidiano, os médiuns atraem espíritos afins com a natureza de suas próprias criações mentais. Todo pensamento exerce repercussão imediata em torno de nós. Observe mais atentamente os comandos apométricos."

Agucei ainda mais minhas percepções e vi quando o operador, no meio do círculo, formava campos de contenção para que, mais tarde, fossem detidas as entidades do mal. Ao ordenar verbalmente e estalar os dedos, a matéria mental irradiada pelos médiuns presentes, aliada à matéria sutil do plano astral, estruturava uma forma piramidal, iluminada. Era algo maravilhoso de se ver. A formação mental foi imediata, como Pai João havia exposto anteriormente.

O pai-velho amigo retomou a palavra:

– Toda vez que uma ideia ou pensamento é verbalizado, ele se materializa pelas palavras, e sua ação torna-se mais intensa. Pronunciando um pensamento, tornando-o audível, pode-se exercer uma ação mais direta e poderosa do que somente pensando. Esse processo explica a atitude do operador quando, por exemplo, pronuncia as letras gregas, ou comanda firme e imperiosamente a formação de campos e outras criações mentais: sua palavra materializa no plano astral o objeto mentalizado. Esse tipo de ação só é possível através dos encarnados, pois que se utilizam da palavra articulada, da voz que exprime o pensamento. Esse fato também explica por que certas energias só podem ser manipuladas pelos médiuns, que doam ectoplasma e associam, mesmo que inconscientemente, o processo de ectoplasmia ao fluido mental emitido por eles próprios.

A reunião prosseguia em seus preparativos de abertura dos trabalhos enquanto Pai João nos explicava outros detalhes, que, ao menos para mim, eram novidade:

– A forma piramidal, meu filho, abrange várias dimensões vibracionais. A pirâmide de energias está estruturada na irradiação *psi* das mentes dos médiuns, além de propiciar a absorção das energias de um espaço dimensional superior, que, por isso mesmo, é impossível de ser rompido pelas entidades do mal.

O operador, reunindo recursos fluídicos, iniciou nova emissão de pulsos energéticos. À medida que contava, agora utilizando os algarismos de 1 a 10, algo que eu definiria como flocos de energias, dispersos no ambiente, se aglutinava, irradiando uma luminosidade prateada. Ao finalizar aquela contagem de pulsos energéticos, os médiuns Maria Clara, Conceição, Reginaldo, Artur, Luiz Antônio e Débora deixaram o corpo, em desdobramento astral induzido sob o impulso e o comando de Márcio, o operador e dirigente daquela reunião.

Novamente foi Pai João quem veio em meu socorro:

– Para que o corpo astral ou mesmo o mental possa alcançar uma vibração favorável ao desdobramento, é necessário aumentar o *quantum* energético do indivíduo. Ao emitir os pulsos de energia, canalizada pela vontade firme e disciplinada e dinamizada pela contagem dos pulsos magnéticos, nosso companheiro Márcio, o coordenador encarnado dos trabalhos, impulsiona os corpos espirituais dos médiuns, desdobrando-os. É como se emprestasse energia a eles, condensando as vibrações originalmente dispersas no ambiente e projetando-as sobre seus corpos.

Os médiuns, desdobrados, imediatamente nos reconheceram no ambiente extrafísico, como também aos mentores da reunião. Comportaram-se naturalmente, nos cumprimentando e seguindo o comando para suas tarefas. Acompanhei Reginaldo e Artur à região onde se localizava o laboratório dos cientistas.

Um dos espíritos que provinha da base sombria já se encontrava no ambiente da reunião, observando o andamento dos trabalhos, juntamente com um dos magos negros.

Seguimos com a equipe espiritual e os dois médiuns desdobrados até a entrada da caverna onde se localizava o laboratório. Parecia que eles já estavam bastante treinados para a ocasião; recebiam os comandos através do cordão de prata, que fazia com que permanecessem conectados a seus corpos físicos. Ouvindo os comandos de Márcio, o coordenador dos trabalhos, tanto Artur como Reginaldo se colocaram a postos, ligados mentalmente aos mentores espirituais dos trabalhos da noite.

Uma equipe numerosa de guardiões estava atenta e auxiliava os médiuns desdobrados. Eu podia divisar o cordão de prata, que possibilitava aos médiuns descrever cada detalhe para os demais integrantes da reunião; eram ouvidos pela boca física, no fenômeno denominado autopsicofonia. Transmitiam tudo o que viam e ouviam para o ambiente da reunião mediúnica. Todos estavam de prontidão.

Penetramos o ambiente do laboratório central e observamos outros guardiões, que se postavam junto aos espíritos dedicados ao mal. Quando os dois médiuns, Artur e Reginaldo, chegaram ao ambiente, os guardiões do local os envolveram e conduziram para determinado canto da caverna. Os médiuns foram munidos de aparelhos e redes magnéticas, criadas mentalmente pelo operador, Márcio.

De um momento para outro, os dois rapazes desdobrados pareciam exalar uma estranha nebulosidade de seus corpos espirituais. Estavam em processo de doação de ectoplasma, a energia nervosa que somente os encarnados possuíam e que atuaria como combustível psicofísico para que a equipe dos guardiões pudesse desarticular as bases das sombras localizadas no Pico do Itatiaia.

Decidi voltar para a casa espírita e observar de lá o que ocorria. Assim que entrei, pude notar que Márcio, o coordenador dos trabalhos no plano físico, tinha voz resoluta e ordenava os comandos apométricos com firmeza, tocando levemente a região correspondente ao chacra frontal de Artur, que neste momento estava desdobrado, no laboratório:

– Energia vital! Atenção, todos os médiuns: doação de energia vital para os médiuns desdobrados e ampliação da vidência extrafísica!

Exatamente neste momento, vi que uma onda de energias vindas dos diversos médiuns da corrente estava sendo canalizada para Artur, e isso ocorria de forma a chamar a atenção, do nosso lado. Um dos mentores da reunião condensou e ordenou os recursos fluídicos emitidos e, dinamizando intensamente o processo, transferiu a energia para o campo vibratório de Artur. Logo após, o mesmo processo se repetiu com Reginaldo.

Naquele instante, um dos médiuns da corrente passou a sentir intensamente a presença do mago negro no ambiente. O espírito parecia dominado por uma força estranha e contorcia-se todo. Pai João e Vovó Catarina estavam ao lado do mago negro, imantando-o ao médium que o percebia. Como todos os médiuns estavam desdobrados pelos comandos apométricos e possuíam vidência extrafísica, todos percebiam a entidade, fato que dava maiores condições para que Márcio conduzisse o processo com firmeza e segurança. Um dos médiuns relatou:

– Percebo a presença de dois pais-velhos, que auxiliam diretamente no processo.

O outro médium continuou:

– Vejo também uma equipe de espíritos no ambiente, que nos auxilia juntamente com os pretos-velhos. Eles conduzem um mago negro, ligado ao caso que estamos tratando.

O médium que entrou em sintonia com o mago imediatamente começou a falar, com voz diferente da sua, num sotaque carregado com intenso magnetismo.

– O espírito tenta manipular seu magnetismo para defender-se – alerta outro médium.

Márcio reage prontamente, formando campos de contenção em torno da entidade. O espírito também reage:

– Quem pensam que são? Acham que podem me deter? Desconhecem o poder da magia... – falava o mago negro, ameaçador.

– Seja bem-vindo, companheiro. Mas, se deseja saber, somos trabalhadores do eterno bem. Estamos aqui a fim de colocar um ponto final à sua ação de provocar o mal e, também, lhe dar uma oportunidade de recomeço, de reavaliar suas ações... – prosseguia Márcio.

– Nos trabalhos de apometria, meu filho – elucidou Pai João –, não se prioriza o livre-arbítrio do espírito equivocado. Isso normalmente ocorre nas reuniões mediúnicas tradicionais de desobsessão, e o chamado obsessor tem a chance de retornar outras vezes, quantas quiser. Entre o período das reuniões, caso ele não se tenha renovado, continuará prejudicando sua vítima. Nos trabalhos de apometria, dá-se o contrário: o ser em desequilíbrio – neste caso, o mago negro – é cerceado por um campo de contenção, que é projetado sobre ele, e sua ação no mal é tolhida.

– Sendo assim, o livre-arbítrio do espírito é simplesmente desrespeitado?

– Não é questão de respeito à liberdade, mas de dever de impedir que o mal cresça e o espírito equivocado continue a prejudicar aquele que constitui seu endereço vibratório. A liberdade existe para o bem; o mal, geralmente, escraviza. Em última análise, o próprio espírito em desequilíbrio é também beneficiado, pois que, a partir de então, é impedido de contrair mais débitos.

Outro fato diferente que pude notar, chamando-me a atenção na dinâmica da reunião, foi a conversa com o espírito. Havia um tom diferente na condução do diálogo. Não era uma simples doutrinação. O companheiro Márcio não tentava doutrinar, convencer o espírito a se tornar espírita. Havia uma nova proposta. Ele era convidado a refletir sobre suas atitudes; não havia a pretensão de modificar o pensamento da entidade comunicante. O espírito era levado a avaliar sua conduta, enquanto era impedido de continuar a prejudicar as pessoas envolvidas.

– Acho que este tipo de conversa é diferente das demais, que ouvi anteriormente.

– Diria, meu filho – falou Pai João –, que o amigo Márcio se utiliza de técnicas conhecidas pelos irmãos encarnados como PNL ou programação neurolinguística.

– Então...

– Então podemos compreender, Ângelo, que nossos irmãos espíritas desta casa estão buscando se atualizar cada vez mais. Não há mais espaço para as velhas e ultrapassadas doutrinações de conteúdo religioso, moralistas e cristalizadas no tempo. As trevas se atualizaram, a linguagem dos seres humanos também, e é necessário que os trabalhadores do bem procurem, da mesma forma, atualizar a metodologia que empregam. Kardec, o codificador do espiritismo, era profundamente arrojado e progressista em seus pensamentos e observações; foi um revolucionário.

Depois da conversa com a entidade, os médiuns trouxeram ao ambiente o espírito desdobrado do companheiro que estávamos auxiliando anteriormente. Este se encontrava em coma, devido à influência de potentes campos de força criados no laboratório. Vi que os médiuns se posicionaram em círculo, projetados em nossa dimensão, e no centro colocaram o rapaz, cujo corpo físico permanecia no hospital.

Pai João e Vovó Catarina, manipulando os fluidos doados pelos médiuns, trabalharam intensamente. Neste instante, o cientista desencarnado, abatido pelo que vira e ouvira, assistindo ao diálogo com o mago negro, notou que seus esforços eram inúteis. Pai João aproximou-se de um dos médiuns, dando início ao processo de socorro ao rapaz hospitalizado. Do outro lado, Márcio, que coordenava os trabalhos, conectou um dos médiuns com o cientista, abrindo sua frequência vibracional.

– Agora você destruirá o campo de força que criou – disse Márcio.

– Jamais farei isso! Vocês não podem me obrigar.

Márcio, conectado mentalmente com os mentores, não se deixou abater. Ministrou alguns comandos e, com a energia magnética dos médiuns desdobrados, destruiu o campo de força atrás do qual se escondia o cientista. A entidade, abatida, não conseguia mais opor resistência. Vencida pelo poder superior, o hábil cientista se deixou conduzir, liberando imediatamente nosso protegido da contenção magnética em seu corpo espiritual. Como resultado imediato, o perispírito do rapaz foi atraído de volta ao corpo físico, que repousava no hospital. Ele retornara do coma definitivamente.

Durante a reunião mediúnica, um a um, os casos que nós visitamos para observação foram sendo atendidos, e mais e mais eu ficava perplexo com a ação magnética dos médiuns. Eles trabalhavam como parceiros dos mentores, e não como instrumentos passivos, indefinidamente à espera de percepções mais claras. Com conhecimento de técnicas complexas de desobsessão, auxiliavam diretamente. Era diferente de outros casos que eu presenciara antes, em que os médiuns se colocavam passivamente, aguardando alguma manifestação mediúnica, que deveria ser canalizada e direcionada apenas pelos mentores. No caso presente, os médiuns eram desdobrados, integrando assim as equipes espirituais e agindo pessoalmente nas regiões inferiores do astral. Desse modo, contribuíam diretamente, como parceiros de seus mentores. Dialogavam com eles, discutiam métodos de ação, colocavam seus recursos ectoplásmicos conscientemente à sua disposição e, enfim, assumiam papel de agentes em pé de igualdade com os espíritos. Era algo bonito de se ver.

Ao fim da reunião, Pai João nos chamou para conversar:

– Temos de entender, meus filhos, que a técnica auxilia, mas não devemos nos esquecer do conteúdo de amor. Podemos notar o êxito da atividade porque, nos casos observados, as entidades das sombras foram impedidas de continuar sua ação no mal. Temos de modificar urgentemente nosso conceito de caridade. Muita gente por aí pensa que é caridade tratar o obsessor ou entidade equivocada da mesma forma como se trata alguém já definido em relação ao bem. Deixam que o espírito retorne quando bem entender, e, assim, ele permanece fazendo o que quer, em nome do livre-arbítrio. Será isso caridade? Ao perguntar ao espírito Verdade por que o mal predomina na Terra, Allan Kardec obteve a resposta enfática: "*Por fraqueza destes.* Os maus são intrigantes e audaciosos, os bons são tímidos. Quando estes o quiserem, preponderarão".[4] Por isso mesmo, é hora de vencer a timidez espiritual e sermos mais arrojados na execução do bem. Tolher a ação do mal é algo imperioso, a fim de impedir que o desequilíbrio avance.

"Também devemos observar a ação do pensamento sobre os fluidos e o poder do magnetismo. Sem a educação do pensamento, é impossível trabalhar nas correntes magnéticas em benefício da humanidade – e isso não se consegue apenas nos breves instantes de uma reunião mediúnica. O trabalhador do bem que se posiciona como médium deve entender que, quanto mais persistente for o pensamento gerado, tanto mais forte será sua ação no corpo físico e em outras dimensões. A disciplina mental, meus filhos, é obtida no dia a dia, nas lutas vivificadoras do cotidiano. Em meio aos entrechoques da vida social e familiar está o grande desafio; nessas ocasiões, é necessário esforço para conquistar a disciplina de manter-se conectado às forças soberanas da vida. As formas-pensamento que o ser emite no estado de vigília, de maneira contínua, influenciam-no durante o sono e nos trabalhos mediúnicos. Projetado na dimensão extrafísica, tanto durante o período de repouso do corpo quanto durante os trabalhos espirituais, as criações mentais gravitam em torno do espírito. Dinamizadas pelo exercício do pensar, as imagens se fortalecem e, mesmo em estado de repouso do corpo, durante o sono ou em transe mediúnico, continuam a exercer sua ação. Portanto, o médium deve ficar atendo às fontes geradoras de seu pensamento."

Pai João era categórico e, ao falar das lutas cotidianas,

[4] KARDEC. *O livro dos espíritos*. Op. cit. p. 526, item 932. Grifo nosso.

fazia-me avaliar meus dias na velha Terra. Continuou:

– No estado de liberdade provisória, fora do corpo, a mente passa a agir com maior intensidade sobre os elementos-ideias, tanto absorvendo inspirações quanto as executando. Ao encontrar-se temporariamente livre do peso material do corpo físico, em desdobramento astral, pode atuar com maior intensidade sobre os fluidos e o magnetismo da natureza. Essa é a base dos trabalhos e comandos de apometria. Nessa situação condicionada e estimulada através dos comandos mentais do operador e terapeuta do espírito, os médiuns podem agir mais livremente e com intensidade sobre outras mentes, desencarnadas ou não. As mentes, libertas temporariamente do cativeiro da matéria, no caso dos médiuns desdobrados, consorciam-se mais livremente e, portanto, retemperam-se, fortalecendo-se mutuamente segundo os projetos, pensamentos e ideias que alimentam e mantêm. Por isso, trabalhar com todos os médiuns desdobrados e conectados entre si já é, por si só, uma forma eficaz de enfrentamento das entidades das sombras. Elas não podem resistir a essa corrente mental, a esse fluxo contínuo de ideias-pensamento entre mentores e médiuns, que trabalham em parceria ativa, e não somente como instrumentos passivos.

Findando a exposição, o preto-velho asseverou:

– Ainda não terminamos nosso trabalho, meus filhos. Voltemos ao laboratório central dos cientistas das sombras.

Quando retomamos a volitação, sob a luz das estrelas, vi que algo diferente ocorria. Os tupinambás e os guardiões estavam a postos sobre toda a Serra do Itatiaia. O ambiente era iluminado pela presença das salamandras, elementais comandados, segundo me explicou Vovó Catarina, por entidades veneráveis, responsáveis pela coordenação dos fenômenos da natureza, cuja força mental sobre os elementos é algo difícil de descrever.

Adentramos aquilo que antes era o laboratório das sombras, pois então já havia muitos espíritos de nosso plano trabalhando no local.

O ambiente astral agora era diferente. Um espírito de nossa comunidade estava coordenando o processo de reconstrução do lugar. Para minha surpresa, encontramos o companheiro Silva, que conhecera no início de nossa jornada, ainda em nossa comunidade espiritual.

– Salve, meus amigos – cumprimentou o amigo Silva.

– Como vão os trabalhos, meu amigo? – perguntou Vovó Catarina.

– Aqui, nesta base, as coisas pegaram fogo, literalmente – respondeu Silva sorrindo, numa leve brincadeira.

– Então, conte-nos tudo, meu caro Silva – tornou a preta-velha.

– Bem, quando os médiuns vieram nos encontrar aqui, uma vez que eu já havia recebido o comunicado mental de vocês, verificamos que havia condições de sanear o ambiente. Com o ectoplasma e o magnetismo dos médiuns e a ação das salamandras, literalmente foram derretidos os aparelhos utilizados pelas entidades sombrias. Quando, na reunião mediúnica realizada na casa espírita, destruiu-se o campo de energia em torno do espírito cientista, os clones que eles estavam preparando aqui, no laboratório, explodiram um a um. Parece, Catarina, que as duplicatas astrais das pessoas envolvidas no caso estavam conectadas com a mente do cientista. Desfeito o campo de força, tudo ruiu, e toda a estrutura ficou desprotegida. Nossos camaradas, os guardiões e os médiuns, auxiliaram-nos tão intensamente que restou pouca coisa para nós.

– E agora, o que vamos fazer com este local? – perguntou Wallace.

– Vamos aproveitar a construção fluídica, meu filho, e transformá-la em posto de socorro espiritual. Daqui partirão caravanas de auxílio, que trabalharão em conjunto com outras já em ação, em benefício da humanidade.

Pai João, Vovó Catarina e Silva foram inspecionar o novo posto de socorro. Wallace e eu saímos para a exuberância da Serra do Itatiaia e pudemos contemplar milhares de espíritos, guardiões, caboclos e pais-velhos, assim como as famílias elementais de silfos, gnomos, salamandras e ondinas. Mais ao longe, vindo de nossa comunidade, avistamos uma equipe de médicos do espaço, especialistas na técnica sideral, e outras falanges que chegavam para transformar o ambiente em uma base avançada do nosso plano.

Observando como tudo se passava, Wallace comentou:

– São os filhos de Aruanda, a pátria espiritual no Mundo Maior. Veja, Ângelo, como todos trabalham unidos no propósito, embora a diversidade de espíritos, culturas e métodos. Quem sabe um dia nossos irmãos encarnados aprenderão a superar o preconceito religioso e doutrinário e reconhecerão que somente a união no amor poderá transformar a Terra?

– Como diz nosso Pai João – falei –, união sem fusão, distinção sem separação.

– Isso mesmo, meu amigo.

Abraçados, juntamo-nos às equipes de caboclos tupinambás, com o objetivo de auxiliá-los no preparo do ambiente extrafísico. Trabalhávamos em conjunto, sem separatismo nem fronteiras, unidos na proposta do bem, do belo e do amor. Neste momento, não existiam espíritos espíritas, umbandistas ou espiritualistas. Todos éramos, simplesmente, filhos de Deus.

Quando estávamos envolvidos nas atividades espirituais às quais nos dedicávamos, o espírito conhecido como caboclo Tupinambá nos chamou a atenção, apontando para o alto. Uma luz intensa se projetava sobre toda a serra na qual nos encontrávamos.

– Aruanda, Aruanda – falou um guardião. Logo depois, outra luz partia em direção ao Alto. Eram os pretos-velhos, que retornavam com sua vestimenta fluídica original, desafiadora do orgulho e do preconceito. Retornavam para Aruanda, a pátria espiritual dos caboclos e pais-velhos. Ouvimos, então, o clamor choroso de um espírito de índio, um caboclo brasileiro, que tocava um instrumento parecido com tambor, ou, como diriam os amigos encarnados, um instrumento de percussão, enquanto cantava solitário e era observado por toda a falange de imortais:

Vovô já vai,
Já vai pra Aruanda.
A bênção, meu pai,
Proteção pra nossa banda...

Epílogo

Coisa de preto

por Leonardo Möller

Por que falar de pretos-velhos e caboclos desperta reações tão adversas?
Por que a simples menção dessas figuras, que povoam o folclore,
a literatura e a cultura popular do Brasil,
faz muitos dirigentes espíritas vetarem livros e repreenderem médiuns?
Por que o preconceito racial se estende para além-túmulo?[1]

[1] Os textos constantes do epílogo foram originalmente publicados por ocasião do lançamento do livro *Aruanda*, no jornal *Spiritus*, periódico editado pela Casa dos Espíritos Editora (*Spiritus* n° 62, de junho/julho de 2004). Os artigos discutem as questões e os preconceitos que a temática do livro costuma trazer à tona, e são reproduzidos com o objetivo de acrescentar elementos à reflexão proposta pela obra do espírito Ângelo Inácio.

CERTO DIA REPAREI em um companheiro de atividades, cheio de dedos ao falar abertamente do trabalho que realizam a Casa dos Espíritos e a instituição parceira que lhe deu origem, a Sociedade Espírita Everilda Batista. A vergonha ou o receio que ele tinha devia-se especificamente à bandeira hasteada por ambas as casas, na qual declaram positivamente: “Trabalhamos com pretos-velhos e caboclos”.

– Mas o que o movimento espírita vai pensar? – perguntava ele. – Uma casa espírita aparecer com um livro como *Aruanda*? Que casa *espírita* lança uma obra associada a pretos-velhos e caboclos?

– Entendo suas apreensões – respondi. – Acontece que a nossa sina começou há muito tempo, desde a publicação de *Tambores de Angola*.[2] Quando lançamos o livro, você se lembra, muitos disseram que havíamos nos tornado umbandistas; agora não há como voltar atrás.

– Então! Imagine uma continuação...

[2] PINHEIRO. Op. cit.

– Mas alguém precisa falar contra o preconceito. Só porque o autor espiritual aborda o tabu *umbanda e espiritismo* quer dizer que deixamos de ser espíritas? Só porque lançamos um livro que fala de pretos-velhos e caboclos, que tanto têm feito por nós, espíritas, tornamo-nos "anti-doutrinários"? Faça-me o favor! Não perdemos a definição espírita de nossas atividades, porque espírita *é o método de trabalho*. Kardec é bom-senso, e o Codificador debatia qualquer assunto, sem medo nem ideias preconcebidas. Quanto aos espíritos, para eles não há barreiras religiosas: onde está o códice que informa a aparência correta de um "espírito espírita"? Kardec fala que é o conteúdo da comunicação que importa, e não a aparência do espírito, que pode ser forjada com facilidade.

As preocupações do companheiro de trabalho, no entanto, não eram infundadas. Com efeito, tudo que se relaciona à cultura religiosa do negro costuma ser assunto controverso, especialmente no meio espírita. Não obstante tanta relutância tenha fortes raízes históricas, é hora de começar a arrancá-las.

Aculturação

O espiritismo de Allan Kardec floresceu no final do séc. XIX, entre as camadas mais abastadas da população brasileira, em meio às elites intelectuais e econômicas. O que era de esperar, tendo em vista que é uma doutrina filosófica de implicações morais e científicas, escrita em idioma estrangeiro, oriunda da França, país que à época detinha a hegemonia cultural e ditava as regras do que era chique.

O processo de aculturação do espiritismo, ao aportar num país de características tão diversas quanto o Brasil, também era previsível, senão necessário. Além da tradução para o português, era crucial assimilar os aspectos que compunham a história e a cultura brasileiras, caso houvesse a intenção de disseminar a nova doutrina. E havia, pelo menos da parte dos espíritos que coordenam os destinos da nação.

Espírito também tem cor (!)

Uma das questões que em breve viriam à tona diz respeito à feição ou à roupagem fluídica dos espíritos presentes nas reuniões mediúnicas. Para onde iriam os espíritos de negros e indígenas que desencarnavam na psicosfera brasileira? Além dos médicos, filósofos, advogados e demais intelectuais, também morriam os pobres do povo e os pretos, recém-alforriados pela Lei Áurea de 1888.

Que critérios estabelecer?

Nas páginas de Kardec, nada sobre pretos-velhos ou caboclos, pois que não havia nem emigração das colônias africanas para a França. No máximo, o depoimento de um soldado, morto nos campos de batalha das guerras nacionalistas do continente europeu[3] ou de um negro, imigrante africano morto nos Estados Unidos.[4] Como proceder, então, com essa gente desencarnada?

Assim como a prática de capoeira outrora foi considerada crime, prevista no Código Penal, falar em preto, ainda mais velho, é assunto proibido em muitos locais. Ouvem-se espíritas a debater teorias: "Se der 'estrimilique', se errar na conjugação verbal e fizer menção a arruda e guiné", que são as ervas medicinais de que dispunha a população, "é espírito atrasado".

A lógica absurda tem justificativa. Afinal, como receber orientação daqueles mesmos que mandávamos amarrar no pelourinho e durante tanto tempo foram comercializa-

[3] Cf. KARDEC. *Revista espírita*. Op. cit. v. II, jul. 1859, p. 276-283.

[4] Cf. Ibidem. Op. cit. jun. 1859, p. 243-245.

dos na praça pública, como gado? As imagens do passado espiritual estão fortemente impressas em nossas mentes.

Espiritismo cana-de-açúcar

Às vezes chego a me sentir como se estivéssemos fazendo espiritismo num engenho do Brasil colonial. É que, resquício da época da escravidão, subsiste um certo pavor de se misturar com qualquer coisa que venha dos negros.

É o advento da senzala na realidade espiritual. Negros não prestam para nós os assumirmos como mentores e os reconhecermos como espíritos elevados. Para divulgarmos sem barreiras: "Eles nos têm muito a ensinar com sua simplicidade e sabedoria popular"; também não. No máximo, para fazer um "descarrego" no ambiente – ops!, limpeza energética – ou para lidar com os "obsessores" rebeldes ao diálogo tradicional.

Mas tudo isso na mais perfeita discrição. Tanto quanto possível, sem alarde, para não darmos o braço a torcer, porém admitindo que, nessa hora, não são os médicos nem os padres e as irmãs de caridade que atuam. Não são eles que se dirigem às profundezas do umbral ou do astral inferior para abordar quartéis-generais das trevas.

Ah! E se aparecer um Zé Grosso ou um Palminha, espíritos conhecidos por todo o Brasil e reverenciados no meio espírita, esqueçamos que eles foram cangaceiros do bando de Lampião, o que quer dizer: nordestinos, provavelmente analfabetos, acostumados ao lombo do jegue e ao chapéu de couro – e certamente à pele escura e queimada de sol. Mesmo que trabalhem com Joseph Gleber, Fritz Hermman ou Scheilla, fechemos os olhos para o fato de que seus nomes destoam da característica europeia dos demais e continuemos a nos enganar.

Mas se negros e mulatos não prestam para aparecer e

ser reconhecidos, não aguentamos viver sem eles – nem ontem, nem hoje.

Na época colonial, o negro não sabia de nada, mas a cana-de-açúcar que produzia a riqueza era plantada, colhida e beneficiada por suas mãos. Não eram tidas como gente, mas foram as mulheres pretas que criaram os filhos, amamentaram os bebês, cuidaram da casa, do jardim e das roupas, prepararam a comida que serviam aos convidados.

Na atualidade, mesmo sem gozar do reconhecimento amplo – que não é seu objetivo –, as mães-velhas e os pais-velhos dão importante contribuição nos centros espíritas "kardecistas" de todo o Brasil. Aceitos ou não, já se acostumaram com a discriminação; não é isso que importa.

Percebidos ou não pelos médiuns da casa-grande, são os caboclos que manipulam o bioplasma das ervas, são os pretos-velhos que preparam o ectoplasma utilizado em reuniões de cura e tratamento espiritual. São eles que, por vezes, detêm a sabedoria simples que tocará aquele espírito furioso, revoltado com a fome, o abandono e a chibata que experimentou e que muitos de nossos médiuns, doutrinadores e mentores desconhecem. São eles que farão frente aos chefes das trevas, impondo-lhes o respeito, o limite e a autoridade moral, o que uma alma mais doce ou delicada não poderia fazer. Acaso estou enganado e situações como essas só ocorrem em terreiros de umbanda?

É ou não é o perfeito engenho, a estrutura social da colônia que se reproduz de modo atávico e ancestral, projetando-se até na questão espiritual?

De Paris para o Pelô

O primeiro centro espírita com base nos livros de Kardec de que se tem notícia no país foi fundado em Salvador, na Bahia de Todos os Santos, ainda no séc. XIX. Capital do Brasil colonial até 1763, a cidade ostenta até hoje o belo Elevador Lacerda, que conduz à Cidade Baixa e ao mercado em que se vendiam negros.

Está aí um retrato fiel do ambiente espiritual brasileiro: Allan Kardec posto justo ao lado do Pelourinho. Talvez mera coincidência, talvez uma forma de a vida nos lembrar do compromisso que temos com os povos negro e indígena – explorados e massacrados pela civilização dos colonizadores – e que deve ser resgatado desde já, também no trato com o além-túmulo. É ou não é irônico que a sede histórica da Federação Espírita do Estado da Bahia se localize num bairro chamado Terreiro de Jesus?

Que cesse o preconceito e que vivam as curimbas e as mandingas de preto-velho, a garra e as ervas dos caboclos. Que viva a atmosfera espiritual do Brasil, onde cada um mantém seu método de trabalho, mas sabe respeitar e auxiliar onde quer que seja preciso, com espírito de equipe e de solidariedade. Que vivam os médicos alemães, as freiras e os padres católicos, os árabes e indianos de turbante, os soldados de Roma e todas as falanges e nações que, na pátria espiritual, se reúnem em torno da insígnia de Allan Kardec – e, sobretudo, sob a bandeira do Cristo, de amor e fraternidade.

SALADA DE RELIGIÕES

Espiritismo, umbanda e candomblé: conheça a origem histórica das manifestações religiosas que envolvem transe medianímico e, aos olhos do leigo, se confundem

TODO CIDADÃO ESPÍRITA já passou pelo constrangimento de ser confundido com umbandista ou candomblecista. Digo constrangimento porque, para muitos, é um verdadeiro pavor ter o seu centro "de mesa branca" miscigenado com terreiros do "baixo espiritismo". Que nomenclatura terrível!

Ocorre que reações de medo ou preconceito, com consequente discriminação, vêm do desconhecimento. Quando cessa a ignorância, dissolve-se a fantasia, e o demônio perde o rabo e o chifre.

ASSEMBLEIA ESPIRITUAL

Candomblé é a prática religiosa que mais se aproxima daquela que os povos africanos trouxeram para o Brasil a bordo dos navios negreiros. No contato com a cultura indígena encontrada aqui, nasce o chamado *candomblé de caboclo*, culto às forças superiores da vida através dos orixás. Como religião não cristã, é bombardeada pela pregação intolerante do jesuíta, e, de século em século, muitos candomblés acabam se deteriorando em magia negra – vingança contra padres, feitores e senhores de escravo.

Preocupados com o andar da carruagem, os espíritos responsáveis pela administração dos destinos do Brasil decidem intervir nessa situação de vingança. É hora de mudar o toque dos atabaques. Contudo, o espiritismo de Allan Kardec, recém-chegado da França na segunda metade do séc. XIX, era muito intelectualizado para falar aos barracões do candomblé. Atendia, à época, apenas aos anseios da camada mais culta da população brasileira, acostumada com a linguagem europeia e os diálogos da filosofia clássica.

Então, alguém propõe, na assembleia de espíritos elevados: "Que tal uma religião nova, que reúna ambos os conhecimentos, levando espiritualidade ao culto popular?". Nasce então a *aumbandhã*, ou umbanda – a união das duas bandas.

Tipicamente brasileira, a nova religião surge em Niterói, RJ, em 1908. É apresentada diretamente da boca de uma entidade espiritual diferente para a época: o caboclo. O padre jesuíta Gabriel Malagrida (1689-1761), espírito comprometido com o panorama religioso do Brasil, assume o aspecto de um índio e declara, dentro de uma casa espírita: "Se é preciso que eu tenha um nome, digam que sou o Caboclo das Sete Encruzilhadas, pois para mim não existem caminhos fechados. Venho trazer a *aumbandhã*, uma religião que harmonizará as famílias, unirá os corações, falará aos simples e que há de perdurar até o final dos séculos".

Umbandomblé

É assim que, na atualidade, sobrevive nos terreiros essa fusão, que era objetivo do Alto. Adotando o sincretismo entre os orixás e os santos católicos, que há muito se desenvolvia, e o transe mediúnico assumido, que não existia nos barracões de candomblé, a umbanda foi penetrando lentamente nos redutos de magia negra. Levou até lá os conceitos de amor, caridade e justiça através da voz do preto-velho, que também se apresentou na longínqua ocasião de 1908. Na personalidade de Pai Joaquim de Aruanda, o espírito de um médico francês assumiu pela primeira vez a postura do ancião negro para poder falar na linguagem do povo.

Enquanto isso, o espiritismo saía do obscurantismo, graças à contribuição de homens valorosos, como Bezerra de Menezes, Eurípedes Barsanulfo e Chico Xavier. Tanto assim que hoje ainda se observa a tendência de as tendas de umbanda levarem em seu nome o termo *espírita*, denotando a aceitação social maior que gozavam os adeptos de Allan Kardec. Se, de todo, a pressão política ou religiosa fosse muito forte, também havia um santo qualquer no nome da casa. É que, em um país católico, com setores conservadores na sociedade, Tenda Espírita de Umbanda Nossa Senhora do Rosário soaria melhor que se o nome fosse apenas Pai Oxalá ou Caboclo Rompe-Mato.

Referências bibliográficas

ACADEMIA Brasileira de Letras. *Vocabulário ortográfico da Língua Portuguesa.* 5ª ed. São Paulo: Global: 2009.

AZEVEDO, José Lacerda. *Espírito/matéria:* novos horizontes para a medicina. 8ª ed. rev. atual. Porto Alegre: Casa do Jardim, 2005.

CHIEF Seattle. Disponível em: <www.synaptic.bc.ca/ejournal/wslibrry.htm>; <http://en.wikipedia.org/wiki/Chief_Seattle#The_Speech_controversy>. Acesso em: 2 abr. 2011.

DICIONÁRIO eletrônico Houaiss da Língua Portuguesa. Rio de Janeiro: Objetiva, 2009.

GABRIEL Delanne. Disponível em: <http://fr.wikipedia.org/wiki/Gabriel_Delanne>. Acesso em: 10 abr. 2011.

KARDEC, Allan. *A gênese, os milagres e as predições segundo o espiritismo.* Tradução de Guillon Ribeiro. 1ª ed. esp. Rio de Janeiro: FEB, 2005.

_____. *Obras póstumas.* Tradução de Guillon Ribeiro. 1ª ed. esp. Rio de Janeiro: FEB, 2005.

_____. *O céu e o inferno ou a justiça divina segundo o espiritismo.* Tradução de Manuel Justiniano Quintão. 1ª ed. esp. Rio de Janeiro: FEB, 2004.

_____. *O Evangelho segundo o espiritismo.* Tradução de Guillon Ribeiro. 120ª ed. esp. Rio de Janeiro: FEB, 2002.

_____. *O livro dos espíritos.* Tradução de Guillon Ribeiro. 1ª ed. esp. Rio de Janeiro: FEB, 2005.

_____. *O livro dos médiuns ou guia dos médiuns e dos evocadores.* Tradução de Guillon Ribeiro. 71ª ed. Rio de Janeiro: FEB, 2003.

_____. *O que é o espiritismo.* Tradução de Guillon Ribeiro. 1ª ed. esp. Rio de Janeiro: FEB, 2005.

_____. *Revista espírita:* jornal de estudos psicológicos. Tradução de Evandro Noleto Bezerra. Rio de Janeiro: FEB, 2004. v. I (1858), II (1859), III (1860), V (1862), VI (1863).

_____. *Viagem espírita em 1862*. Tradução de Wallace Leal Rodrigues. 2ª ed. Matão: O Clarim, [1968?].

NOVO DICIONÁRIO Aurélio da Língua Portuguesa. 4ª ed. Curitiba: Positivo, 2009.

PINHEIRO, Robson. Pelo espírito Ângelo Inácio. *A marca da besta*. Contagem: Casa dos Espíritos, 2010.

_____. Pelo espírito Ângelo Inácio. *Crepúsculo dos deuses*. 2ª ed. rev. ampl. Contagem: Casa dos Espíritos, 2010.

_____. Pelo espírito Ângelo Inácio. *Tambores de Angola*. 2ª ed. rev. ampl. Contagem: Casa dos Espíritos, 2006.

_____. Pelo espírito Joseph Gleber. *Além da matéria*. Contagem: Casa dos Espíritos, 2003/2011.

_____. Pelo espírito Joseph Gleber. *Medicina da alma*. Contagem: Casa dos Espíritos, 1997/2007.

_____. Pelo espírito Pai João de Aruanda. *Sabedoria de preto-velho*. 2ª ed. rev. Contagem: Casa dos Espíritos, 2010.

_____. Pelo espírito Pai João de Aruanda. *Pai João*. Contagem: Casa dos Espíritos, 2009.

_____. Pelo espírito Pai João de Aruanda. *Magos negros*. Contagem: Casa dos Espíritos, 2011.

VERGER, Pierre Fatumbi. *Orixás:* deuses iorubás na África e no Novo Mundo. Salvador: Currupio, 1981.

OUTRAS OBRAS DO AUTOR

PELO ESPÍRITO ÂNGELO INÁCIO

Tambores de Angola
Aruanda
Encontro com a vida
Crepúsculo dos deuses
O próximo minuto
Antes que os tambores toquem

SÉRIE CRÔNICAS DA TERRA

O fim da escuridão
Os nephlins
O agênere
Os abduzidos

TRILOGIA O REINO DAS SOMBRAS

Legião: um olhar sobre o reino das sombras
Senhores da escuridão
A marca da besta

TRILOGIA OS FILHOS DA LUZ

Cidade dos espíritos
Os guardiões
Os imortais

SÉRIE A POLÍTICA DAS SOMBRAS

O partido
A quadrilha

ORIENTADO PELO ESPÍRITO ÂNGELO INÁCIO

Faz parte do meu show
Corpo fechado (pelo espírito W. Voltz)

PELO ESPÍRITO PAI JOÃO DE ARUANDA

Sabedoria de preto-velho
Pai João
Negro
Magos negros

PELO ESPÍRITO TERESA DE CALCUTÁ

A força eterna do amor
Pelas ruas de Calcutá
100 frases escolhidas por Robson Pinheiro

PELO ESPÍRITO FRANKLIM

Canção da esperança

PELO ESPÍRITO ALEX ZARTHÚ

Gestação da Terra

Serenidade: uma terapia para a alma

Superando os desafios íntimos

Quietude

PELO ESPÍRITO ESTÊVÃO

Apocalipse: uma interpretação espírita das profecias

Mulheres do Evangelho

PELO ESPÍRITO EVERILDA BATISTA

Sob a luz do luar

Os dois lados do espelho

PELO ESPÍRITO JOSEPH GLEBER

Medicina da alma

Além da matéria

Consciência: em mediunidade, você precisa saber o que está fazendo

A alma da medicina

ORIENTADO PELOS ESPÍRITOS

JOSEPH GLEBER, ANDRÉ LUIZ E JOSÉ GROSSO

Energia: novas dimensões da bioenergética humana

COM LEONARDO MÖLLER

Os espíritos em minha vida: memórias

PREFACIANDO

MARCOS LEÃO PELO ESPÍRITO CALUNGA

Você com você

Nesta obra, respeitou-se o Acordo Ortográfico da Língua Portuguesa (1990), ratificado em 2008.